싱글 웹 페이지 & 반응형 웹사이트 쾌속 개발

양용석 지음

부트스트랩으로 디자인하라 싱글 웹 페이지 & 반응형 웹사이트 쾌속 개발

1판 1쇄 발행일 2014년 11월 20일 **1판 4쇄 발행일** 2019년 2월 14일
지은이 양용석 **펴낸이** 임성춘 **펴낸곳** 로드북 **편집** 장미경
디자인 이호용(표지), 박진희(본문) **주소** 서울시 동작구 동작대로 11길 96-5 401호
출판 등록 제 25100-2017-000015호(2011년 3월 22일) **전화** 02)874-7883 **팩스** 02)6280-6901
정가 22,000원 **ISBN** 978-89-97924-13-4 93000

이메일 chief@roadbook.co.kr **블로그** www.roadbook.co.kr

예제 소스 다운로드
http://www.roadbook.co.kr/134

질의 응답 사이트
http://roadbook.zerois.net

필자가 2011년 〈처음부터 다시 배우는 HTML5 & CSS3〉(로드북)를 출간할 당시만 해도 HTML5와 CSS3로 디자인을 어떻게 하는지에 대한 기초지식이 많이 필요한 시기였습니다. 그 뒤로 상당한 시간이 흘렀고 이제는 웹사이트 대부분이 HTML5와 CSS3 기반으로 제작되고 있고 전문가도 많이 생겨난 상황입니다. 따라서 이제는 어떻게 하면 좀더 효율적으로 웹사이트 디자인을 할 수 있을까 하는 고민을 많이 하고 있습니다.

구체적으로는 HTML5와 CSS3 기반의 웹사이트를 개발할 때 CSS 속성 이름을 만드는 것조차도 상당히 어려워하고 많은 노력을 들이고 있습니다. 또한 요즘 웹 개발의 이슈가 되고 있는 반응형Responsive 웹사이트까지도 함께 고려해서 개발해야 하는데, 반응형 웹사이트 개발은 신경써야 하는 변수가 상당히 많기 때문에 조금은 까다로운 작업이 될 수도 있습니다. 이외에도 단순한 하드코딩만으로 HTML5 & CSS3 웹 디자인을 하려면 상당히 많은 노력을 들여야 합니다.

필자는 이러한 상황을 부트스트랩을 통해 효과적으로 대처할 수 있음을 직접 경험하였습니다. 부트스트랩은 미리 설정된 CSS와 자바스크립트의 집합으로 프론트엔드 프레임워크Front-end Framework 중 가장 뛰어난 성능을 발휘합니다. 웹 개발에 필요한 CSS 속성이 미리 설정되어 있기 때문에 해당 속성을 HTML 문서에 적용해주기만 하면 바로 원하는 효과를 얻을 수 있어 CSS 스타일링을 정말 편하게 해줍니다. 또한 부트스트랩에서 사용되는 자바스크립트는 현재 인터넷에서 가장 많이 사용하는 jQuery 기반의 자바스크립트로, 가장 인기 있는 효과들을 아주 쉽게 사용할 수 있게 해줍니다.

부트스트랩을 접하기 전에는 일주일이 걸리던 웹사이트 디자인이 부트스트랩을 적용하고 나서는 최대 50% 이상 시간이 단축되어 2~3일만에 끝낼 수 있을 정도로 디자인 작업 효율이 월등히 높아졌습니다. 제작 기간이 줄어든 만큼 좀더 창의적인 디자인을 생각할 수 있는 여유까지 갖게 된 것 같습니다. 부트스트랩이 필자의 웹 디자인 경력의 터닝포인트가 되었다고 감히 말씀드릴 수 있을 것 같습니다.

그러나 부트스트랩이 효율적인 도구이기는 하지만, HTML5와 CSS3의 기초지식이 없으면 절대 쉽게 사용할 수 없다는 것 또한 명심해야 합니다. 개발자도 하드코딩을 할 줄 모르고서 통합개발 툴 사용법을 잘 안다고 프로그램을 잘 개발할 수 없는 것과 같은 이치입니다. 이 책의 독자들은 반드시 HTML5와 CSS3에 대한 기본적인 지식과 HTML5와 CSS3를 이용해서 최소한 한 개 이상의 웹사이트를 개발해 봤거나 개발할 수 있어야 합니다. 그렇지 않으면 이 책에서 설명하는 내용을 이해하기 힘들 수도 있습니다.

이 책은 총 2부로 구성되어 있습니다.

1부는 부트스트랩의 기초에 대해서 설명을 합니다. 특히 부트스트랩에서 사용되는 CSS 속성과 그에 따른 컴포넌트에 대해서 많은 내용을 다룹니다. 또한 부트스트랩은 현재 사이트 제작할 때 가장 많이 사용되는 특수효과들을 자바스크립트로 구현해 놓았는데 이러한 효과들을 어떻게 사용하는지 쉽게 알려드립니다.

1부에서 다루는 내용은 부트스트랩의 사용 방법에 대해서 설명을 하기 때문에 자칫 지루할 수도 있지만, 아주 중요한 내용이 담겨있기 때문에 1부의 내용은 반드시 숙지해야 합니다.

2부에서는 실제 부트스트랩을 이용해서 요즘 유행하는 싱글 페이지 웹사이트를 만들어 보면서 부트스트랩을 여러분의 것으로 만들어보는 시간을 마련해 보았습니다. 또한 부트스트랩의 여러 기능을 이용해서 기존에 있던 사이트들을 부트스트랩을 이용하여 재코딩하여 구축해 봄으로써, 부트스트랩이 얼마나 편리하게 사용될 수 있는지에 대해서 확인해 보는 시간을 갖게 될 것입니다.

이 책은 필자의 다섯 번째 책입니다. 대부분 HTML5와 CSS3를 이용한 웹 표준 서적을 집필했는데, 이번에 쓴 부트스트랩을 이용한 웹 표준 사이트가 가장 흥미로운 주제로 책을 쓴 것 같습니다. 특히 필자도 실제 책을 저술하면서 부트스트랩의 막강한 기능을 한번 익히고 나니 사이트 제작 기법이 부트스트랩 이전과 이후로 나뉠 정도로 필자에게 아주 많은 영향을 끼친 것 같습니다.

이 책으로 공부하여 여러분의 실력이 향상되고 부트스트랩의 막강한 힘을 느낄 수 있다면 필자에게는 아주 큰 기쁨일 것입니다.

마지막으로 이 책을 쓰는 동안에 묵묵히 저를 응원해 주던 아내와 딸 유지, 연수 그리고 막내 혁준이에게 무한 사랑을 표현합니다. 또한 이 책이 나올 수 있도록 옆에서 많은 격려를 해준 로드북 임성춘 편집장님, 본문 디자인을 예쁘게 해주신 박진희님, 표지 디자이너 이호용님께도 감사의 말씀을 전합니다.

2014년 11월
제주에서 양용석

목차

2부. 부트스트랩을 이용한 사이트 제작

1부

부트스트랩 개발 환경
구축과 구조의 이해

부트스트랩은 웹 디자인을 어떻게 하면 편리하게 할 수 있을까라는 목적에서 나온 프레임워크입니다. 1부 1장에서 자세히 설명하겠지만 프레임워크는 "작업을 할 수 있는 어떤 틀"이라고 생각하면 쉽습니다. 즉 웹 디자인을 쉽고 간편하게 할 수 있게끔 부트스트랩이라는 "틀"을 제공합니다.

실제로 부트스트랩을 활용하면 웹 디자인에 쏟아야 하는 노력을 절반 이하로 줄여줄 수 있습니다. CSS 스타일링을 줄여주고 다양한 컴포넌트(바로 쓸 수 있는 웹 디자인 요소들)를 제공하며 많은 효과를 줄 수 있는 자바스크립트 라이브러리를 제공하여 적은 노력으로 큰 효과를 볼 수 있는 웹 디자인을 할 수 있습니다. 특히 반응형 웹에 대한 고민을 혁신적으로 해결해줍니다.

이 책의 목적 또한 부트스트랩을 활용하여 쉽고 간편하게 웹 디자인을 할 수 있게끔 하는 데 있습니다. 그래서 내용을 2부로 구성하였습니다. 1부는 부트스트랩을 제대로 이해하고 활용할 수 있는 기초지식을 다루고 있습니다. 2부에서는 이를 활용하여 요즘 유행하는 싱글 웹 페이지 디자인을 프로젝트로 배워보고 다양한 일반 웹사이트를 어떻게 부트스트랩으로 개발할 수 있는지를 보여줌으로써 이 책의 목적을 달성하고자 합니다.

1장

부트스트랩 소개와 사용 방법

Bootstrap은 2010년 중반에 트위터 개발자 중 트위터 아이디 @mdo와 @fat을 사용하는 개발자가 만든 오픈 소스 프레임워크(framework)입니다. 프레임워크란 "짜여있는 작업"이라는 뜻으로, 부트스트랩은 HTML, CSS, JavaScript 및 다양한 UI 컴포넌트로 구성되어 있습니다. 즉 효율적인 웹 디자인을 하기 위해 "미리 필요한 부분을 작업해놓은 것"이라고 생각하면 쉽습니다. 부트스트랩만 잘 활용해도 웹사이트를 빠르고 간편하게 개발할 수 있는 장점이 있습니다. 1장에서는 부트스트랩에 대한 기초적인 내용과 사용 방법에 대해서 간단하게 살펴보겠습니다.

1.1 부트스트랩을 설치해보자

웹을 개발하다 보면 사실 정형화된 양식이 없습니다. 특히 CSS는 CSS 규칙만 있지, 선택자에 대한 정의도 개발자가 일일이 해야 합니다. HTML 태그 또한 정해진 규칙은 있지만 개발자마다 다르게 사용하다 보니 웹 개발자가 바뀌게 되면 소스코드를 전부 다시 분석해야 하는 경우도 있습니다. 하지만 정해진 규칙이 있다면, 개발자들은 정해진 규칙을 이용해서 빠르고 편리하게 웹사이트를 개발할 수 있을 것입니다. 물론 정해진 규칙 이외에도 개발자 또는 디자이너가 필요에 의해서 코드를 추가할 수도 있다면 더할 나위 없이 좋을 것입니다.

부트스트랩에는 CSS 스타일과 jQuery를 기반으로 한 자바스크립트 그리고 컴포넌트들로 구성되어 있어 원하는 기능이 있으면 단순하게 HTML 코드에 부트스트랩에서 정의된 선택자만 입력하면 편리하고 빠르게 사이트를 개발할 수 있습니다. 또한 부트스트랩은 Responsive 즉 반응형 웹이 기본으로 적용되기 때문에 데스크탑 버전의 웹사이트에서부터 모바일용 웹사이트까지 한꺼번에 개발할 수 있는 장점이 있습니다.

이제 부트스트랩 설치 방법에 대해서 간단하게 알아보도록 하겠습니다.

부트스트랩 설치 방법은 부트스트랩 사이트에서 해당 파일을 직접 다운로드 받은 후

1. 사용자의 웹 서버에 파일을 올리는 방법

2. CDNContent Delivery Network을 이용하는 방법

3. 그리고 Bower라는 패키지 매니저를 이용하는 방법

이 있습니다.

가장 많이 사용하는 방법이 직접 다운로드 받은 후 사용자의 웹 서버에 해당 파일을 올려서 사용하는 방법이며, CDN을 이용하여 해당 파일들을 불러서 사용하는 방법도 사용됩니다만 속도가 느려질 수 있다는 단점이 있습니다.

또한 서버 또는 PC에 Bower라는 프로그램을 설치하여 부트스트랩을 관리할 수 있습니다. Bower는 Twitter에서 만든 프론트엔드 패키지 관리 도구인데, 프로그래머나 서버 관리자가 아니라면 사용할 필요가 없기 때문에 이 책에서는 다루진 않습니다. 궁금하신 분들은 http://bower.io/를 참고하기 바랍니다.

부트스트랩의 다운로드 버전은 세 가지가 있습니다(그림 1-1 참조).

[그림 1-1] 부트스트랩 다운로드 버전 세 가지

　　가장 일반적인 부트스트랩이 [그림 1-1]에서 왼쪽에 보이는 Bootstrap이란 것입니다. 이것을 다운로드 하면 css, js, fonts란 폴더만 있으며, 아래와 같은 구조로 되어 있습니다.

```
bootstrap/
├──css/
│  ├──bootstrap.css
│  ├──bootstrap.min.css
│  ├──bootstrap-theme.css
│  └──bootstrap-theme.min.css
├──js/
│  ├──bootstrap.js
│  └──bootstrap.min.js
└──fonts/
   ├──glyphicons-halflings-regular.eot
   ├──glyphicons-halflings-regular.svg
   ├──glyphicons-halflings-regular.ttf
   └──glyphicons-halflings-regular.woff
```

　　거창하게 보이지만 사실 다운로드 받아서 보면 별로 특이한 것은 없어 보입니다. 파일 크기도 작고, css 폴더에는 4개의 css 파일과 js 폴더(자바스크립트 파일을 모아둔 폴더)에는 2개의 파일 그리고 fonts 폴더에는 4개의 파일이 있습니다. fonts 폴더에 있는 4개의 파일은 모두 역할은 같은데, 다양한 브라우저에서 사용할 수 있게 여러 파일로 만들어진 것입니다.

　　또한 파일들 중에서 .min이라고 되어 있는 것은 기본 파일을 압축한 형태이기 때문에 사실 css 파일 2개, js 파일 1개, 폰트 파일 1개로 구성되어 있다고 보면 됩니다. 이렇게 단순하게 구성되어 있지만, 이 파일만으로도 웹에서 사용하는 거의 모든 형태의 디자인을 할 수 있습니다.

[그림 1-1]의 Bootstrap 바로 옆에 있는 'Source code'는 Bootstrap보다는 복잡하게 구성되어 있지만 이것은 소스코드이기 때문이지 내용은 'Bootstrap'과 동일합니다. 내용을 보면 다음과 같은 디렉토리로 구성되어 있습니다.

```
bootstrap/
    ├──less/
    ├──js/
    ├──fonts/
    ├──dist/
    │   ├──css/
    │   ├──js/
    │   └──fonts/
    └──docs/
        └──examples/
```

여기서 dist라는 폴더에 있는 내용은 'Bootstrap'에 있는 내용과 동일하며 less, js, fonts 폴더들은 dist를 구성하는 소스 파일들입니다. 여기서 js 폴더를 보면 Boostrap 파일 중 bootstrap.js를 구성하는 다양한 자바스크립트 파일이 있는 것을 볼 수 있습니다.

affix.js, alert.js, button.js, carousel.js, collapse.js, dropdown.js, modal.js, popover.js, scrollspy.js, tab.js, tooltip.js, transition.js란 파일들이 bootstrap.js 파일 하나로 구성된 것입니다. 각각의 js 파일들의 쓰임새는 4장에서 실제 사용 방법들이 소개됩니다.

Source code는 실제 웹 개발할 때는 필요가 없고, 이런 방식으로 부트스트랩을 만들었다는 정도만 알아도 무방합니다. 실제 프로그래머들이 관련 내용을 알고 싶어 한다거나 소스코드를 이용해서 프로그램을 개발할 때 필요한 내용들이 다수 포함되어 있습니다.

[그림 1-1]의 마지막 Sass는 몰라도 사용하는 데 전혀 문제가 없지만, 간단하게 알아보겠습니다. CSS를 마치 프로그래밍 언어처럼 변수를 선언해서 처리해 주는 것이라고 이해하면 됩니다. Sass를 사용하기 위해서는 어플리케이션을 설치해야 하며, 윈도우와 리눅스의 경우 Ruby라는 웹 프레임워크를 설치해야 합니다. 맥 환경에서는 루비가 미리 설치되어 있기 때문에 별도의 설치가 필요 없습니다. 여기서 루비는 '루비 온 레일즈'라고 불리며, 현재 책에서 다룰 내용과는 별도의 내용이기 때문에 생략하도록 하겠습니다.

결론은 부트스트랩을 사용하기 위해서는 [그림 1-1]의 왼쪽에 있는 Bootstrap만 다운 받아서 사용하면 됩니다.

부트스트랩은 다운받지 않고 CDN을 이용해서 사용하는 방법도 있다고 서두에서 언급을 했는데, 사용 방법은 간단합니다. 아래의 코드를 HTML 문서의 상단에 넣어주기만 하면 됩니다.

```
<!-- Latest compiled and minified CSS -->
<link rel="stylesheet" href="//netdna.bootstrapcdn.com/bootstrap/3.1.1/css/
bootstrap.min.css">
<!-- Optional theme -->
<link rel="stylesheet" href="//netdna.bootstrapcdn.com/bootstrap/3.1.1/css/
bootstrap-theme.min.css">
<!-- Latest compiled and minified JavaScript -->
<script src="//netdna.bootstrapcdn.com/bootstrap/3.1.1/js/bootstrap.min.js">
</script>
```

위 코드는 example/ch01/cdn.txt에서 다운 받으실 수 있습니다.

이 코드를 넣어주면 부트스트랩을 다운받지 않고 사용할 수 있기 때문에 편리하긴 하지만, 간혹 CDN에 문제가 생기거나 네트워크에 문제가 있는 경우 해당 CSS 파일과 JS 파일을 불러오지 못하게 되어 웹 페이지가 이상하게 보일 수 있다는 문제점도 있습니다. 방식의 선택은 자유지만, 필자는 해당 파일을 직접 다운로드 받아서 적용하는 것을 제일 선호합니다.

1.2 부트스트랩을 이용하여 Hello World 출력하기

그럼 이제 본격적으로 먼저 부트스트랩 웹사이트에 나온 베이직 템플릿을 살펴보겠습니다. 템플릿이라고 어려운 표현을 했지만, 그냥 예제라고 생각하면 되겠습니다. 브라우저 화면에 "Hello World"라는 문자를 표시를 하기 위한 템플릿입니다.

[예제 1-1] 부트스트랩의 Hello World 출력 예제 example/ch01/hello.html

```
<!DOCTYPE html>
<html lang="en"> ❶
  <head>
    <meta charset="utf-8"> ❷
    <meta http-equiv="X-UA-Compatible" content="IE=edge"> ❸
    <meta name="viewport" content="width=device-width, initial-scale=1"> ❹
    <title>Bootstrap 101 Template</title>
```

```html
<!-- Bootstrap -->
<link href="css/bootstrap.min.css" rel="stylesheet"> ❺


<!-- HTML5 Shim and Respond.js IE8 support of HTML5 elements and media queries -->
<!-- WARNING: Respond.js doesn't work if you view the page via file:// -->      ❻
<!--[if lt IE 9]>
   <script src="https://oss.maxcdn.com/libs/html5shiv/3.7.0/html5shiv.js">
   </script>
   <script src="https://oss.maxcdn.com/libs/respond.js/1.4.2/respond.min.js">
   </script>
  <![endif]-->
 </head>
 <body>
   <h1>Hello, world!</h1>


   <!-- jQuery (necessary for Bootstrap's JavaScript plugins) -->
   <script src="https://ajax.googleapis.com/ajax/libs/jquery/1.11.0/
jquery.min.js"></script> ❼
   <!-- Include all compiled plugins (below), or include individual files
as needed -->
   <script src="js/bootstrap.min.js"></script> ❽
 </body>
</html>
```

---

❶ 이 부분을 `<html lang="ko-kr">`로 변경하면, "웹 페이지에서 사용되는 글은 한글이다"라고 브라우저에 알려주는 역할을 합니다. 이 부분은 단순하게 `<html>`로 사용해도 됩니다.

❷ 캐릭터셋은 utf-8로 설정한다는 의미인데, utf-8로 설정하게 되면 브라우저에서 다양한 언어를 사용해도 해당 언어가 제대로 보이게 됩니다. 이전에 한글은 euc-kr이라는 캐릭터셋을 사용했는데, 영어는 제대로 보이지만, 일본어나 중국어를 표기하면 화면상에서 이상한 문자로 나왔었습니다.

❸ 여기는 현재 사용하는 IE 브라우저의 버전을 최신 버전으로 처리하는 곳입니다. 간혹 최신 버전의 IE를 사용하는 도중에 IE7 호환모드로 사용자도 모르게 변경되는 경우가 있는데, 웹 페이지 상단에 이 코드를 적용해 주면 최신 버전의 IE 모드로 변경됩니다.

❹ 여기는 반응형 웹 페이지를 적용해 주는 부분입니다. 모바일이나 데스크탑은 해상도가 다른데, 각 해상도에 맞춘 웹 페이지로 처리해 주는 부분입니다.

❺ 부트스트랩 CSS 파일을 적용합니다. 템플릿에선 bootstrap.min.css 파일을 적용했는데, bootstrap.css 파일을 적용해도 동일합니다. 실제 사용자가 차이를 느끼긴 힘들지만 .min으로 되어 있는 압축된 css 파일이 크기가 작아 웹 페이지가 좀 더 빠르고 가볍게 구동됩니다. bootstrap.css 파일 자체에 수정을 가할 것이 아니라면 bootstrap.min.css 파일을 사용하길 권합니다.

❻ 이 부분은 HTML5 태그가 적용되지 않는 IE9 버전 이하의 브라우저에서 HTML5 태그들이 적용될 수 있게 만들어 주는 부분입니다. 이 부분은 IE9 이상의 브라우저와 IE 이외의 브라우저에서는 어떠한 영향도 미치지 않는 태그입니다. 간단하게 설명을 하면 "if lt (less than) IE 9, 현재 사용하는 브라우저의 버전이 IE9 보다 작다면 아래의 스크립트를 적용하라"라는 의미입니다. Html5shiv.js는 HTML5의 태그를 적용해 주는 스크립트이고, respond.min.js는 반응형 웹사이트를 만들 때 적용하는 스크립트입니다. 설명에서도 나왔지만 respond.min.js 파일은 웹 서버에서만 작용하고 로컬에서는 작동하지 않는 스크립트입니다.

❼ jQuery를 호출하는 부분입니다. 여기서는 구글 CDN을 이용해서 호출했는데, 로컬 또는 서버에 직접 해당 jQuery 파일로 연결해도 동일합니다.

❽ 부트스트랩에서 사용하는 자바스크립트를 적용하는 부분입니다.

[예제 1-1]이 가장 기본적인 부트스트랩의 템플릿이라고 보면 됩니다. 결과는 [그림 1-2]와 같습니다. 결과물이 너무 허무하게 보일 수도 있습니다만, 가장 기본적인 뼈대가 되는 부분이기 때문에 여러분은 이 템플릿을 기반으로 작업하면 됩니다.

[그림 1-2] [예제 1-1]에 의한 결과 example/ch01/hello.html

1.3 기본적인 반응형 웹 페이지 예제

부트스트랩 웹사이트에는 다양한 예제 페이지들이 있습니다. 간단하게 예제 하나를 살펴보고 2장에서 실제 부트스트랩을 이용한 CSS 적용 예제에 대해서 살펴보도록 하겠습니다.

[그림 1-3]은 부트스트랩 스타터 템플릿이라는 페이지입니다. 아주 평범한 웹 페이지인데, 이 웹 페이지의 폭을 변화시켜 보면 [그림 1-4]와 같이 변화되는 것을 알 수 있습니다. 즉 웹 페이지가 가변적으로 변화할 때, 반응형 웹 페이지로 바뀌는 것을 알 수 있습니다.

소스는 2장에서 비슷한 내용을 학습하기 때문에 별도로 설명하진 않겠습니다만, 직접 소스를 확인해 보면, 소스 파일 자체가 [예제 1-1]에 기반을 하고 몇개의 HTML 태그가 추가된 것을 알 수 있을 것입니다. 이것은 부트스트랩에서 정의된 CSS 선택자를 HTML 태그에 간단하게 적용하면, 손쉽게 웹사이트 그것도 반응형 웹사이트를 만들 수 있다는 것을 예제로 보여준 것입니다.

부트스트랩 웹사이트에 있는 예제들을 하나씩 클릭해서 직접 확인해 보기 바랍니다. 그리고 브라우저의 크기를 변화시켜 웹 페이지가 어떻게 변화되는지도 확인해보기 바랍니다.

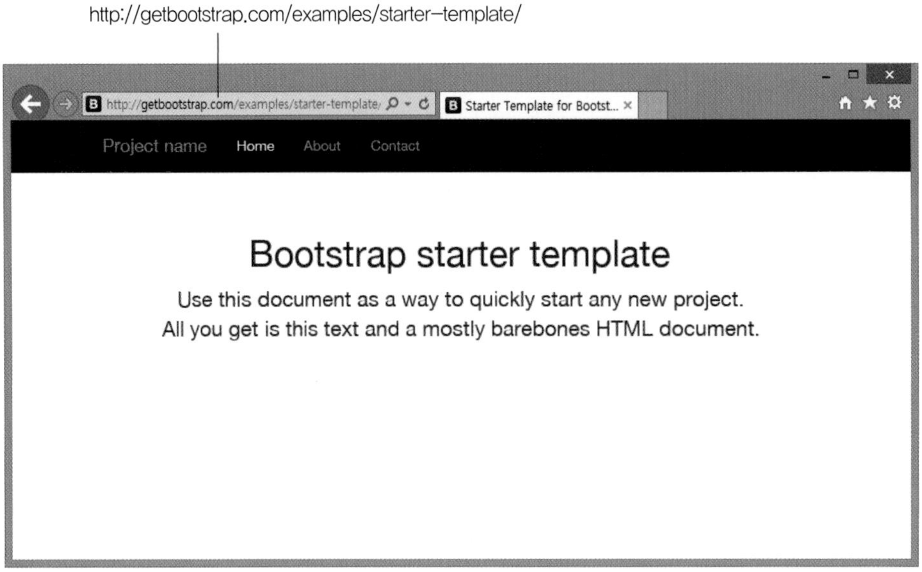

http://getbootstrap.com/examples/starter-template/

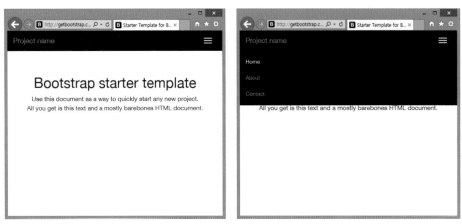

[그림 1-3] 부트스트랩 스타터 템플릿

[그림 1-4] 부트스트랩 스타터 템플릿의 폭(width)을 줄였을 때 변화된 모습(좌측)
좌측에서 메인메뉴 클릭 후 모습(우측)

부트스트랩은 기본적으로 반응형 웹 페이지를 같이 만들어 주지만, 경우에 따라 반응형 웹 페이지가 필요 없거나, 어드민 페이지와 같이 반응형 웹 페이지로 만들면 안 되는 경우가 있습니다.

부트스트랩에서 반응형 웹 페이지를 생성하지 않게 하는 방법은 아주 간단합니다. [예제 1-1]에서 기본 템플릿 소스코드에서 아래 부분을 삭제합니다.

```
<meta name="viewport" content="width=device-width, initial-scale=1">
```

그리고 bootstrap.css 파일 내부에 있는 .container라는 선택자 부분에 max-width: none !important;를 적용해 주고 width: 970px !important;를 적용해 줍니다. 그리고 내비게이션 바 부분에 있는 반응형 태그들을 전부 없애줍니다. 마지막으로 그리드 레이아웃(뒤에 학습합니다)을 위해 .col-xs-*라는 클래스 선택자를 .col-md-* 또는 .col-lg-*와 대체하면 됩니다. 가장 간단한 방법은 non-responsive.css라는 CSS 파일을 하나 만들어서 해당 웹 페이지에 적용해 주면 간단하게 해결할 수 있습니다. 지금 부트스트랩을 완전히 학습하기 전이기 때문에 무슨 말인지 이해가 어려울 수도 있는데, 이 책을 전부 다 학습한 후 다시 읽어 보면 쉽게 이해가 될 겁니다. 따라서 이 부분은 한번 읽은 후 다시 한번 읽어 보길 권합니다.

이러한 비 반응형 웹 페이지는,

http://bootstrapk.com/BS3/examples/non-responsive/

에서 확인할 수 있으며, 소스를 보면 스타일시트가 적용된 부분에 non-responsive.css가 추가되어 있는 것을 알 수 있습니다. 해당 사이트에서 비 반응형 CSS 파일을 다운로드 해서 사용하면 됩니다.

이번에는 부트스트랩의 호환성에 대해서 설명하겠습니다. [표 1-1]은 부트스트랩이 지원하는 운영체제별 브라우저를 표시하고 있습니다. IE는 버전 8부터 11까지 지원하고 있습니다.

[표 1-1] 각 운영체제별 브라우저에서 부트스트랩 지원 여부

	구글크롬	파이어폭스	IE	오페라	사파리
안드로이드	지원	지원 안함		지원 안함	해당사항 없음
iOS	지원	해당사항 없음	해당사항 없음	지원 안함	지원
맥 OSX	지원	지원		지원	지원
윈도우	지원	지원	지원	지원	지원 안함

부트스트랩은 IE8과 IE9에서도 작동하긴 합니다만, 몇몇 CSS3 속성은 지원하지 않습니다. 특히 IE8에서 반응형 웹 페이지가 작동하기 위해선 [예제 1-1]에서와 같이 responsive.js가 반드시 포함되어야 합니다.

아래의 [표 1-2]는 IE8, IE9에서 사용 가능하거나 또는 사용할 수 없는 CSS3의 속성들입니다.

[표 1-2] IE8과 IE9에서 사용 가능 또는 불가능한 CSS3 속성들

CSS3 속성	IE8	IE9
border-radius	사용 불가	사용 가능
box-shadow	사용 불가	사용 가능
transform	사용 불가	-ms라는 prefix 사용시 사용 가능
transition	사용 불가	
placeholder	사용 불가	

최신 버전인 IE11은 HTML5와 CSS3의 모든 속성을 사용할 수 있으며, IE10도 거의 대부분의 속성을 사용할 수 있습니다.

윈도우 8과 윈도우폰 8에서의 IE10은 뷰포트 너비(PC 또는 모바일 해상도)로 기기의 너비를 구분하지 않습니다. 따라서 부트스트랩의 CSS를 이용해서 적절한 미디어 쿼리를 지정할 수 없습니다. 이 문제점을 해결하는 간단한 방법은 아래의 CSS 코드를 삽입하는 것입니다.

```
@-ms-viewport{ width: device-width; }
```

여기서 @ 표시로 시작되는 부분은 반응형 웹사이트를 위해 해상도별 별도의 CSS 코드를 입력하는 부분입니다. 하지만 이 코드를 삽입하더라도 윈도우 폰 8 업데이트 3버전 이전의 경우 모바일폰에 적합한 해상도로 나오지 않고 데스크탑에서 보는 뷰로 보이게 됩니다. 이 문제를 해결하는 방법은 다음에 제시하는 CSS와 자바스크립트 코드를 삽입하면 해결됩니다. 하지만 MS에서 근본적인 문제를 고치게 되면 해당 코드는 더 이상 필요 없을 수도 있습니다.

부트스트랩의 CSS 소스코드에는 다음의 코드를 삽입합니다. 아래의 내용은 윈도우 폰의 버그에 의한 것으로 윈도우 폰 점유율이 미미한 한국에서는 거의 의미가 없을 수도 있기 때문에, 이런 내용이 있다는 것만 알아두면 됩니다.

```
@-webkit-viewport    { width: device-width; }
@-moz-viewport       { width: device-width; }
@-ms-viewport        { width: device-width; }
@-o-viewport         { width: device-width; }
@viewport { width: device-width; }
```

부트스트랩의 자바스크립트에는 아래의 코드를 삽입합니다.

```
if (navigator.userAgent.match(/IEMobile\/10\.0/)) {
  var msViewportStyle = document.createElement('style')
  msViewportStyle.appendChild(
    document.createTextNode(
        '@-ms-viewport{width:auto!important}'
    )
  )
document.querySelector('head').appendChild(msViewportStyle)
}
```

맥에서 사용하는 사파리 브라우저의 퍼센트 반올림 문제도 있습니다. 이 책을 쓰는 시점에 가장 최신버전의 사파리 브라우저는 7.0.3인데 부트스트랩에서 언급한 버전은 OSX용은 6.1, 아이폰용 사파리는 7.0.1 버전에서도 동일한 증상이 발생한다는 것입니다. 예를 들면 [그림 1-5]와 같은 증상을 말합니다.

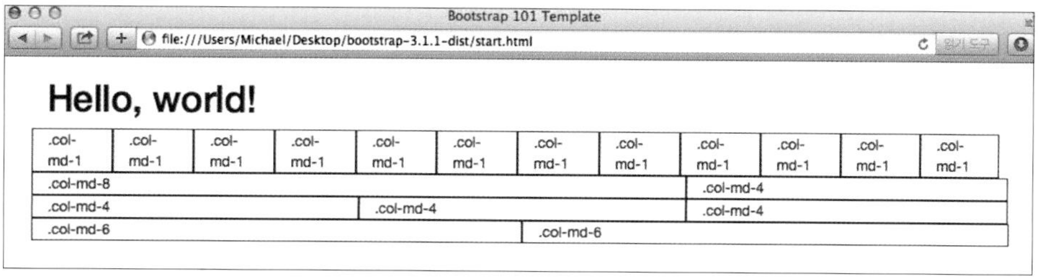

[그림 1-5] 사파리 브라우저의 퍼센트 반올림 문제

[그림 1-5]에서 보면 12개의 그리드 컬럼의 경우 다른 컬럼과 정렬이 맞질 않습니다. 맥에서 사용하는 다른 브라우저에서는 이런 문제가 없습니다. [그림 1-6]에서 맥에서 사용하는 크롬을 보면 확인할 수 있습니다.

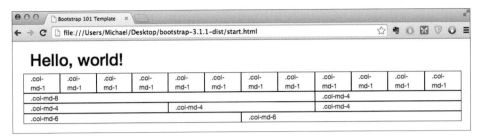

[그림 1-6] 크롬 브라우저에서는 모든 그리드 컬럼에서 문제가 없음

이 문제는 사소한 문제이고 사파리 브라우저가 업데이트되면 해결 가능한 문제일 수도 있습니다. 문제를 해결하는 방법은 12개의 그리드 컬럼을 사용하는 곳 맨 마지막 부분에 .pull-right라는 선택자를 추가하고 퍼센트로 된 길이를 수동으로 전부 바꾸는 방법입니다. 즉,

```
<div class="col-md-1">.col-md-1</div>
```

위와 같이 되어 있는 그리드의 마지막 그리드에

```
<div class="col-md-1 pull-right">.col-md-1</div>
```

와 같이 추가하고 CSS에서 .col-*-1으로 된 부분의 %로 된 부분을 개별적으로 수정하면 됩니다.

하지만 사파리 브라우저의 사용자가 거의 없는 한국에서는 무시해도 상관은 없지만, 만약에 부트스트랩을 이용해서 사이트를 만든다면, 이런 부분에 대해서도 반드시 확인해야 하지 않을까 생각합니다.

모달 윈도우modal window, 내브바navbar 그리고 모바일에서 사용하는 가상 키보드에서도 약간의 문제점이 있습니다. 모달 윈도우는 팝업 윈도우 대안으로 나온 것인데, 모달 윈도우를 사용할 경우 모바일 환경(iOS와 안드로이드 계열)에서 overflow:hidden 사용이 제한적이기 때문에 모달 윈도우 화면이 커져버리면 스크롤 바가 생기는데, 이때 이 스크롤 바를 움직일 경우 모달 내용뿐만 아니라 body 내에 있는 내용까지 스크롤 될 수 있습니다.

iOS에서 가상 키보드를 사용하는 경우 모달 윈도우 또는 내브바가 고정되지 않는 버그가 있을 수도 있습니다. 이 경우 해당 요소에 position:absolute을 추가하여 고정시키는 방법도 있고, 타이머를 이용해서 수동으로 해당 위치를 변경하는 방법도 있습니다.

이 방법은 개발하려는 사이트에 맞춰서 개발자의 역량에 맞게 처리하면 됩니다. iOS에서는 .dropdown-backdrop은 z-index의 복잡함 때문에 사용되지 않습니다. 따라서 내브바에서 드롭다운을 닫아줄 때는 드롭다운 요소를 반드시 직접 클릭하게 처리해야 합니다.

고해상도의 모니터에서는 글자 크기들이 작기 때문에 브라우저를 확대해서 보는 경우가 있는데, 이런 경우 부트스트랩이나 기타 나머지 웹사이트에서도 사소한 문제점들이 발생할 수 있습니다. 부트스트랩 개발진들은 이런 문제점에 대해서 계속 모니터링하고 있다고는 하는데, 큰 문제가 되는 요인들이 없기 때문에 대부분 무시한다고 합니다.

여기까지 부트스트랩에 대해서 간단하게 설명을 했습니다. 부트스트랩이 뭔지도 모르는 상황에서는 지금까지의 내용이 무슨 말인지 하나도 모를 수 있습니다. 하지만 이 책의 예제까지 학습을 한 후 다시 읽어 보면, 아주 명확하게 무슨 내용인지 알 수 있습니다. 따라서 이런 내용이 있다는 것만 알고 본격적인 학습으로 들어가면 됩니다.

1.4 써드파티(Third party) 지원

부트스트랩은 공식적으로 어떤 플러그인이나 애드온 같은 것을 지원하지 않습니다만, 웹에서 가장 많이 사용하는 몇 가지 사항, 예를 들어 구글맵을 웹사이트에 사용하게 될 경우 문제점이 발생할 우려가 있기 때문에 이런 경우 해결할 방법을 제시합니다.

먼저 구글맵이나 구글 맞춤 검색엔진의 경우 * {box-sizing:border-box;}을 사용하게 되면 부트스크랩과 충돌이 일어날 수 있습니다. 이런 경우에는 다음의 몇가지 옵션과 같이 처리하면 문제를 피할 수 있습니다.

간단하게 구글맵의 예를 들어 구글맵의 캔버스 부분에 다음과 같이 적용해 줍니다.

```
.google-map-canvas,
.google-map-canvas * {
  -webkit-box-sizing: content-box;
  -moz-box-sizing: content-box;
  box-sizing: content-box;
}
```

위의 코드가 의미하는 것은 .google-map-canvas와 .google-map-canvas의 하위 모든 요소들의 속성을 box-sizing:content-box;로 처리하는 것입니다.

이 부분을 LESS(http://lesscss.org)로 처리하면 다음과 같이 수정할 수 있습니다.

```
.google-map-canvas,
.google-map-canvas * { .box-sizing(content-box); }
```

이외에 부트스트랩의 접근성 문제와 라이선스에 관련된 사항 그리고 FAQ 등은 부트스트랩 한글 웹사이트를 참조하기 바랍니다.

또한 부트스트랩은 맞춤화Customize를 할 수 있습니다. 맞춤화라는 것은 부트스트랩의 모든 부분을 사용하는 것이 아니라 개발자 또는 디자이너가 필요한 부분만 선택하거나, CSS 속성들을 필요에 의해서 맞춤화 파일로 만들어 사용하고 사이트에서 필요한 부분은 추가적으로 파일을 만드는 것을 말합니다.

http://getbootstrap.com/customize/에서 필요한 부분만 별도로 선택하여 컴파일하여 사용할 수 있습니다. 이는 부트스트랩의 모든 기능이 아니라 부분적인 요소들만 필요할 경우 아주 유용하게 사용할 수 있습니다.

정리하며

1장에서는 간단하게 부트스트랩이 무엇인지 알아보았습니다. 호환성이나 맞춤화 문제 등의 내용은 처음 접하는 분들에게는 낯선 내용일 수 있습니다. 이 책을 모두 학습한 후에 한번 더 읽어보면 충분히 내용을 이해할 수 있기 때문에 조급해 하지 말고 차근차근 학습해 나가시기 바랍니다.

2장부터 4장까지는 부트스트랩을 구성하고 있는 요소들을 살펴봅니다. CSS와 컴포넌트 그리고 자바스크립트입니다. 단편적인 내용들이기 때문에 조금은 지루할 수도 있습니다. 하지만 이 구성요소들을 파악해야 2부에서 실전 웹사이트 디자인을 따라서 해볼 수 있기 때문에 주의 깊게 학습하기를 바랍니다.

부트스트랩에서 사용하는 CSS

2장에서는 부트스트랩에서 사용하는 CSS에 대해서 알아보겠습니다. 부트스트랩의 가장 큰 장점이 웹 표준 사이트를 만들 때 필요한 CSS가 미리 정의되어 있기 때문에 디자이너나 개발자는 정의되어 있는 CSS를 가져와서 사용만 하면 된다는 것입니다. 부트스트랩에 정의되어 있지 않은 부분은 따로 만들어 적용해 주면 되는데, 따로 만들어 적용하는 방법은 예제를 통해서 배워보도록 하겠습니다.

부트스트랩에 미리 정의된 기본 CSS 스타일을 파악하게 되면, 웹사이트를 보다 편리하고 빠르게 만들 수 있습니다. 이 책에서는 부트스트랩 사이트에서 CSS에 관련된 내용 중 가장 중요한 부분만 별도로 자세하게 설명하겠으며, 나머지 부분은 간단하게 설명하도록 하겠습니다.

2.1 부트스트랩 레이아웃의 핵심 그리드 시스템 (중요)

부트스트랩은 그리드 시스템을 이용하여 레이아웃을 잡습니다. 그리드(격자)grid는 총 12열로 구성되어 있으며, 웹사이트의 레이아웃에 따라 구성을 변경해 줄 수 있습니다. 그리드 시스템은 부트스트랩의 핵심 레이아웃 시스템입니다. 2부 예제에서도 그리드 시스템이 많이 나오며 부트스트랩의 CSS에서 가장 중요한 부분입니다.

그리드 시스템은 클래스 선택자를 기반으로 화면의 레이아웃을 잡아주는 역할을 합니다. [그림 2-1]을 보면 각각의 클래스 선택자에 따라 화면이 나뉘는 것을 볼 수 있는데, 제공된 예제 파일의 소스코드를 보면 쉽게 이해할 수 있을 것입니다.

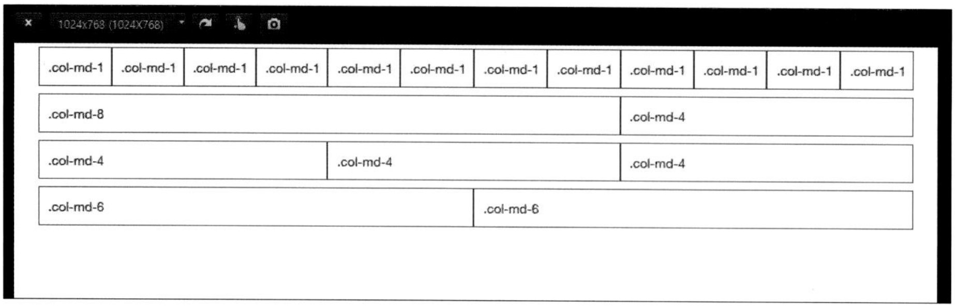

[그림 2–1] 그리드 시스템을 이용한 레이아웃(모니터 해상도 1024×768에서 보이는 모습) example/ch02/grid.html

---

여기서 잠깐

[그림 2–1]은 파이어폭스에서 '메뉴 → 개발자 → 반응형 웹 디자인 보기'를 선택한 화면입니다. 현재 [그림 2–1]에서 보이는 브라우저는 파이어폭스에서 More Display Resolutions 1.00이라는 플러그인을 설치한 상태이며, 이 플러그인을 설치하면 각 해상도별로 사이트를 볼 수 있습니다. 마우스를 이용하여 늘이거나 줄이면 더 다양한 해상도를 테스트할 수 있습니다.

설치 방법은 파이어폭스의 부가기능 관리(단축키: Ctrl + Shift + A)에서 '확장기능 → 부가기능 검색'에서 More Display Resolution을 검색하여 설치하면 됩니다. 설치가 되면 파이어폭스 실행 상태에서 Ctrl + Shift + M키를 누르면 작동됩니다.

[그림 2-1]을 보면 모니터 해상도가 1024×768 픽셀일 때의 그리드 시스템 구조입니다. [그림 2-2]를 보면 모니터의 해상도를 360×640로 변경했을 때 그리드 시스템 레이아웃이 변경된 것을 볼 수 있습니다. 부트스트랩은 기본적으로 반응형responsive을 기반으로 만들어졌기 때문에 화면 해상도가 변경될 때마다 레이아웃은 그에 맞게 변경되게 되어 있습니다. 그림에서는 .col-md-1로 12개의 그리드를 구성한 부분과 .col-md-8과 .col-md-4를 이용한 그리드 시스템 그리고 col-md-4 3개로 구성된 그리드 시스템, 마지막으로 col-md-6 2개로 구성된 그리드 시스템을 볼 수 있습니다.

예제를 살펴보기 전에 그리드 옵션에 대해서 먼저 확인을 하도록 하겠습니다.

[표 2-1]을 보면 모바일폰은 화면 해상도가 가로로 768픽셀 이하인 그리드 시스템은 항상 작동하고, 태블릿은 768픽셀보다 작거나 같으면 작동하며, 데스크탑의 경우 992픽셀보다 작거나 같은 경우 또한 1200픽셀보다 작거나 같은 경우 작동한다는 것을 알 수 있습니다.

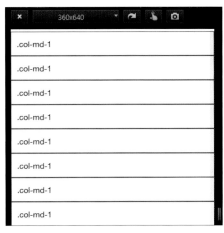

[그림 2-2] 그리드 시스템을 이용한 레이아웃(모니터 해상도 360×640에서 보이는 모습)

[표 2-1] 그리드 옵션 : 기기별 해상도에 따른 클래스 접두사

	모바일폰 (〈768px)	태블릿 (≥768px)	데스크탑 (≥992px)	데스크탑 (≥1200px)
그리드 적용	항상	분기점보다 크면 적용		
container 클래스 최대너비	None (auto)	750px	970px	1170px
클래스 접두사	.col-xs-	.col-sm-	.col-md-	.col-lg-
컬럼 수	12			
컬럼 최대 너비	Auto	60px	78px	95px
사이 너비	30px (컬럼의 양쪽에 15px씩)			
중첩	예			
오프셋	없음	예		
컬럼 순서	없음	예		

[표 2-1]을 보면 container 클래스의 최대 너비는 모바일폰, 태블릿, 데스크탑의 해상도에 맞춰서 크기가 30픽셀에서 22픽셀 18픽셀 정도 작게 설정된 것을 알 수 있습니다. 여기서 container 클래스 선택자가 하는 역할은 전체 레이아웃을 감싸는 역할을 합

니다. 필자가 쓴 이전 책 〈처음부터 다시 배우는 HTML5&CSS〉(로드북, 2013)에서는 container 클래스 선택자가 하는 역할을 wrap이라는 아이디 선택자가 하였습니다. 실제 각각의 해상도에 따라 그리드 시스템이 어떻게 변하는지 그림으로 확인해 보겠습니다.

화면 해상도가 1200픽셀인 경우에 보이는 그리드 시스템

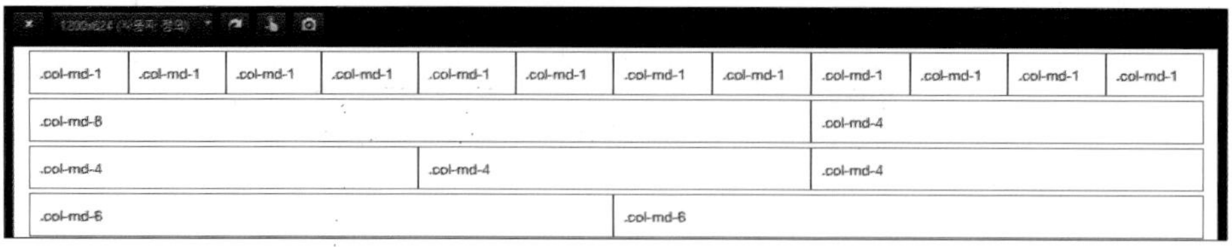

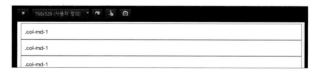

화면 해상도를 1197픽셀로 변경했을 때 보이는 그리드 시스템

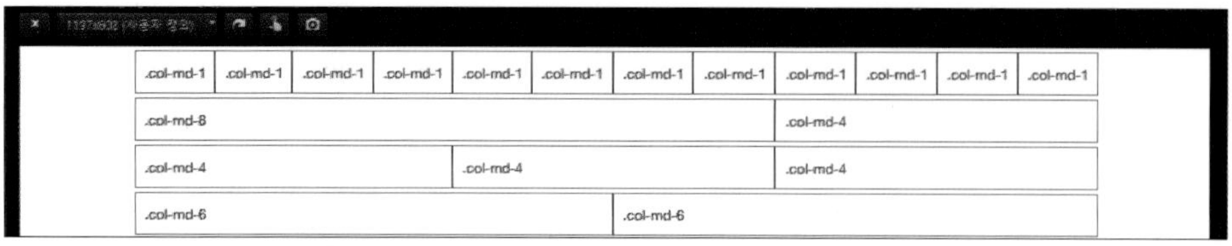

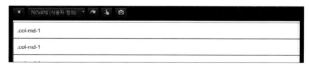

화면 해상도가 992픽셀일 때 보이는 그리드 시스템

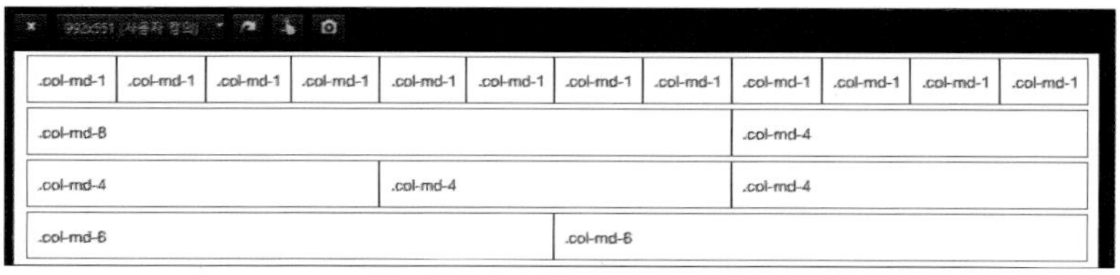

화면 해상도를 991픽셀로 변경했을 때 보여지는 그리드 시스템

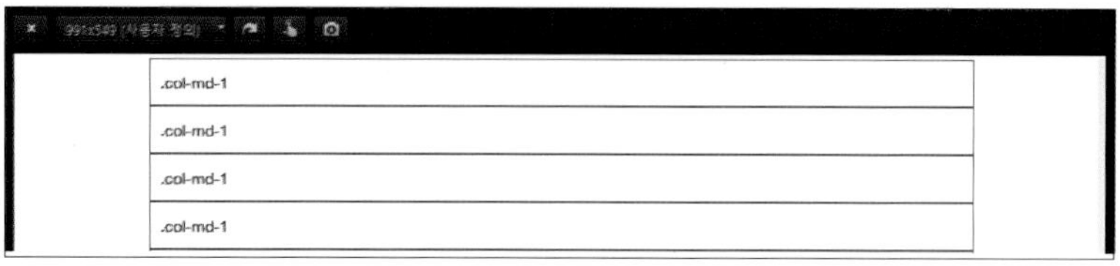

화면 해상도가 768픽셀일 때 보이는 그리드 시스템

화면 해상도를 767픽셀로 변경했을 때 보이는 그리드 시스템

[그림 2-3] 화면 해상도에 따라 그리드의 모습이 변화함

[그림 2-3]의 맨 위쪽에 있는 그림을 보면 화면 해상도가 1200픽셀인 경우 부트스트랩에서 설정된 container 선택자는 자동적으로 1170픽셀로 변경되며, 해상도가 1200픽셀보다 작게 되면 container는 970픽셀로 작아지는 것을 알 수 있습니다. 또한 태블릿 해상도의 최소폭인 768픽셀보다 작거나 같으면 그리드의 모양이 완전히 변하는 것을 알 수 있습니다.

container 선택자는 [표 2-1]에서와 같이 최대 해상도에 따라서 해상도의 길이width를 지정하지만, container 선택자 대신에 container-fluid 클래스 선택자를 사용하게 되면 전체 화면을 전부 사용할 수 있습니다. [그림 2-4]는 .container 대신 .container-fluid를 사용할 경우의 모습입니다.

화면 해상도가 1200픽셀인 경우

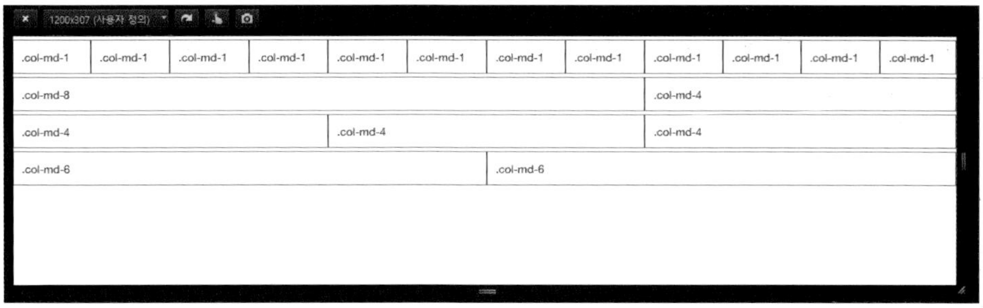

화면 해상도가 1197픽셀인 경우

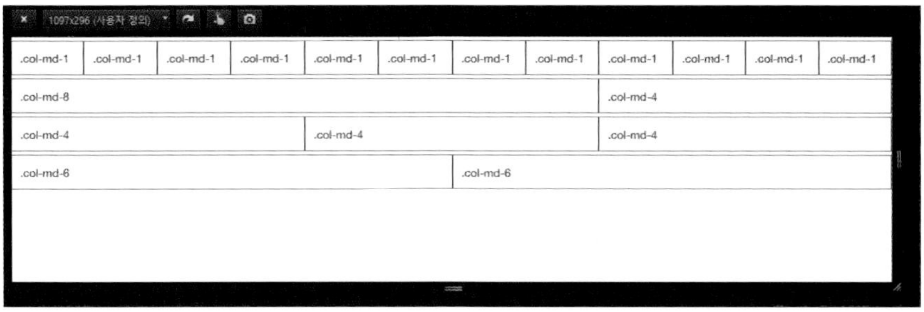

화면 해상도가 991픽셀인 경우

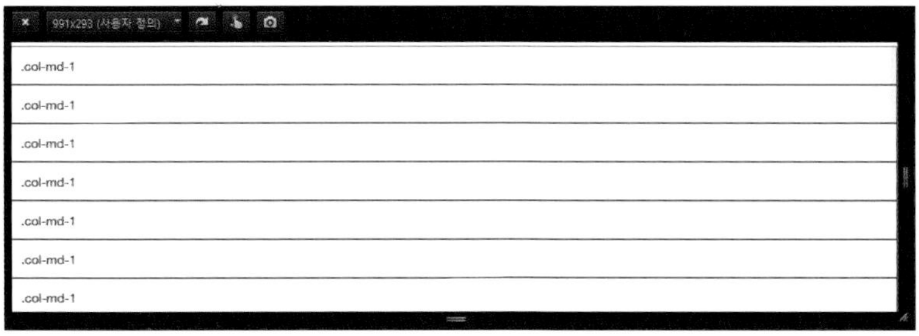

[그림 2-4] container-fluid 선택자를 사용한 경우의 모습 example/ch02/grid-fluid.html

현재 그림들에서는 클래스 접두사명이 .col-md-*라고 표기되어 있는데, [표 2-1]에서 알 수 있는 것은 .col-md-는 화면 해상도가 1200픽셀 이하이면서 992픽셀 이상인 데스크탑에서 사용하는 클래스 접두사인 것을 알 수 있습니다(container-fluid인 경우도 해당됨). 이 경우 클래스에 적용된 컬럼의 최대 너비는 78픽셀이라는 것을 의미하며 각 컬럼들 사이의 너비는 좌우로 15픽셀의 padding 값을 가집니다.

모든 그리드는 중첩될 수 있는데, 중첩이 된다는 말은 그리드를 겹쳐서 사용할 수 있음을 의미합니다. 즉 하나의 그리드 내부에 또 하나의 그리드를 만들 수 있습니다. 내부에 만들어진 그리드는 또다시 12개의 그리드가 생성됩니다. [그림 2-5]를 보면 클래스 선택자 col-md-8과 col-md-4로 구성된 그리드 내부에 또 다른 그리드가 있는 것을 확인할 수 있습니다.

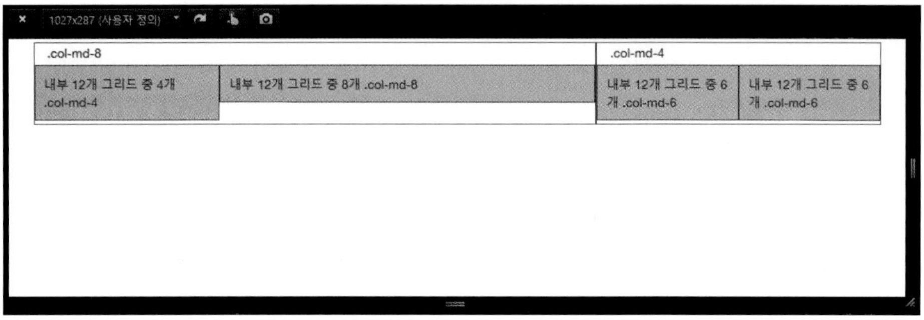

[그림 2-5] 그리드 내부에 또 다른 그리드를 만들 수 있다. example/ch02/grid2.html

또한 모든 그리드는 오프셋offset이 가능합니다. 여기서 오프셋이란 그리드와 그리드 사이를 분리하는 것을 의미합니다. [그림 2-6]을 보면 .col-md-5와 다음에 나오는 .col-md-5에 .col-md-offset-2를 주어 2개 정도의 그리드를 분리하였습니다.

또한 다음에 나오는 .col-md-4와 .col-md-7 사이에 .col-md-offset-1을 주어 1개 정도의 그리드를 분리하였습니다.

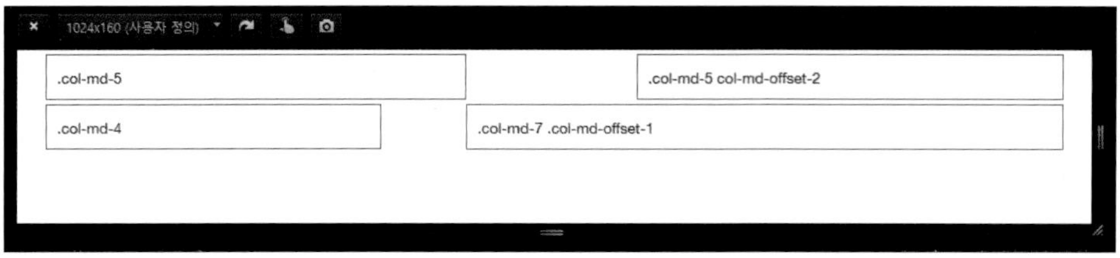

[그림 2-6] 오프셋을 이용해서 그리드와 그리드를 분리할 수 있다. example/ch02/grid3.html

그리드 시스템은 항상 합이 12가 되어야 합니다. 그리드의 합이 12를 넘어버리거나 작으면 레이아웃을 구성하는 데 문제가 생길 수 있습니다. [그림 2-7]에서는 그리드의

합이 12를 넘거나 작을 경우 생기는 문제점을 볼 수 있습니다. .col-md-5와 .col-md-8
이 적용되면 .col-md-8 부분이 다음으로 넘어가 버리는 것을 볼 수 있고, .col-md-4와
.col-md-7의 경우에는 오른쪽 부분에 많은 여백이 생겨버리는 것을 알 수 있습니다.

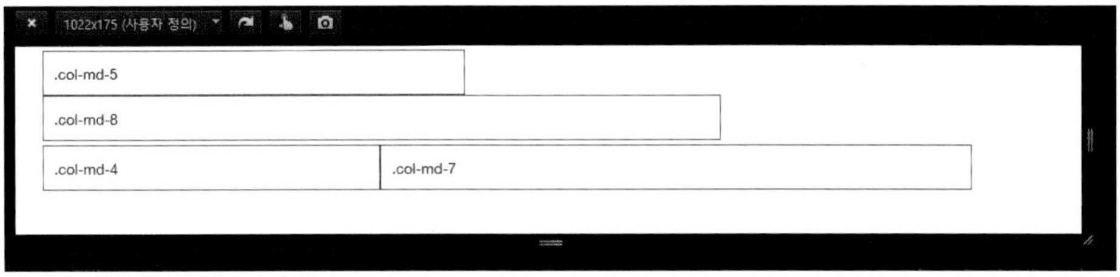

[그림 2-7] 그리드의 합이 12를 넘거나 12보다 작은 경우 생기는 문제점 example/ch02/grid4.html

그리드를 이용하면 레이아웃을 쉽게 만들 수 있다고 하는데 실제 어떻게 적용하는지
예제를 통해 확인해 보겠습니다.

[그림 2-8]을 보면 menu1~menu4까지 들어간 부분과 Lorem ipsum~이라고 되어
있는 부분이 그리드를 이용해서 레이아웃을 구성했습니다. 여기서 menu1이 들어가 있
는 부분은 클래스 선택자 col-md-2를 적용했으며, Lorem ipsum~으로 되어 있는 부분
은 col-md-10을 적용하였습니다. 제공되는 소스 파일을 분석해 보면 이해가 빠를 것입니
다. 또한 여러분이 직접 그리드로 구성된 부분의 숫자를 변경해서 어떻게 레이아웃이 바
뀌는지 연습을 해보는 것도 학습에 도움이 될 것입니다. [그림 2-9]는 [그림 2-8]을 변
형하여 구성한 레이아웃입니다.

[그림 2-8] 그리드 시스템을 이용하여 실제 웹사이트 레이아웃 디자인 예제_1 example/ch02/grid-sample1.html

[그림 2-9] 레이아웃 디자인 예제_1을 변형해서 3단 그리드 시스템으로 구성 example/ch02/grid-sample2html

[그림 2-10] 오프셋을 이용하여 레이아웃 적용한 모습 example/ch02/grid-offset-sample.html

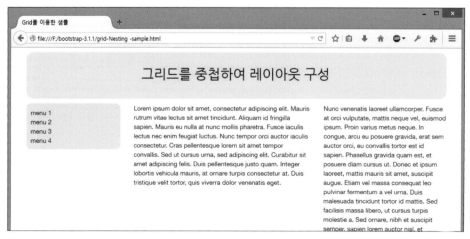

[그림 2-11] 그리드를 중첩하여 레이아웃을 구성한 모습 example/ch02/grid-Nesting-sample.html

여러분이 직접 예제를 실행해보고 소스코드를 확인해 보면 지금까지 학습한 내용을 쉽게 이해할 수 있을 것입니다.

여기서 잠깐

그리드로 구성된 레이아웃은 순서가 고정되어 있습니다. 일반적으로 CSS에서는 float 속성을 이용해서 쉽게 레이아웃을 변경할 수 있는데, 그리드로 구성된 레이아웃의 경우에도 클래스 선택자를 이용해서 쉽게 순서를 변경할 수 있습니다. 순서를 변경할 때는 col-md-push-*와 col-md-pull-*을 이용하면 됩니다. col-md-push는 밀고 col-md-pull은 당긴다는 의미입니다. [그림 2-8]의 예제를 col-md-push-* 와 col-md-pull-*를 이용해서 순서를 변경해 보겠습니다.

아래의 코드를 보면 col-md-2에는 col-md-push-10 즉 col-md-10 쪽으로 밀고 col-md-10에는 col-md-pull-2 즉 col-md-2 쪽으로 당긴다는 의미입니다.

```
<div class="col-md-2 col-md-push-10">…</div>
<div class="col-md-10 col-md-pull-2">…</div>
```

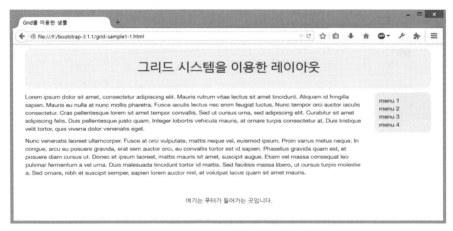

[그림 2-12] col-md-push-*와 col-md-pull-*을 이용하여 레이아웃의 순서 변경
example/ch02/grid-sample1-1.html

[그림 2-12]에서 브라우저의 크기를 태블릿 또는 모바일 해상도로 줄이면 menu1~ 부분이 Lorem ipsum~이라고 된 부분보다 상단에 위치하는 것을 알 수 있습니다.

여기까지 그리드 시스템에 대해서 간단하게 살펴봤습니다. 그리드 시스템을 이용하게 되면 부트스트랩을 이용하여 쉽게 웹사이트의 레이아웃을 구성할 수 있고, 편리하게 크기와 위치 등을 변경할 수 있다는 것을 알 수 있습니다. 그리드 시스템은 부트스트랩에서 가장 많이 사용되는 부분입니다. 조금 어렵다고 느낀 분은 2부 실전 예제에서도 많이 나오기 때문에 2부에서 실제 적용하는 모습을 보면 이해가 훨씬 빠를 것입니다.

2.2 타이포그래피

타이포그래피와 코드의 설명에 앞서 부트스트랩의 기본 글꼴font에 대해서 알아보도록 하겠습니다. 기본적으로 부트스트랩은 영문 사이트를 기준으로 제작되어 있습니다. 따라서 부트스트랩의 글꼴 또한 영문을 기본으로 설정되어 있습니다. bootstrap.csss 파일을 보면 body 태그는 다음과 같이 구성되어 있습니다.

```
body {
  font-family: "Helvetica Neue", Helvetica, Arial, sans-serif;
  font-size: 14px;
  line-height: 1.42857143;
  color: #333;
  background-color: #fff;
}
```

부트스트랩의 기본글꼴은 Helvetica Neue라는 아주 미려한 글꼴을 기반으로 Helvetica Neue라는 글꼴이 없으면 Helvetica, Helvetica도 없으면 Arial을 사용하고 sans-serif 계열의 글꼴을 사용하게 설정되어 있습니다. 또한 전체적인 글꼴의 크기는 14픽셀로 고정되어 있으며, 전체의 행간은 1.42857443로 설정되어 있습니다. 글꼴 색은 진한 회색이고 배경 색상은 흰색으로 되어 있습니다.

기본 bootstrap.css를 사용하게 되면 윈도우 시스템에서의 한글 글꼴은 브라우저에 따라 시스템 기본 글꼴을 사용할 수도 있고 굴림체가 될 수도 있습니다. 맥에서의 한글 글꼴은 시스템 글꼴인 AppleGothic 또는 Apple SD 산돌고딕 Neo로 처리될 것입니다.

그렇다면 한글 웹사이트에서 브라우저마다 다르게 보이는 글꼴을 고정하는 방법은 어떤 방법이 있을까요? 우선 윈도우 비스타에서 변경된 시스템 기본 글꼴인 맑은 고딕을 기본 폰트로 지정하는 방법이 있고, 또는 HTML5 & CSS3의 font-face 속성을 이용해서 다른 글꼴로 변경하는 방법이 있습니다. 먼저 실제 기본 bootstrap.css 파일을 적용하여 영문과 한글 모습을 확인해 보도록 하겠습니다.

[그림 2-13]부터 [그림 2-17]까지 보면 브라우저들 간에 보이는 글꼴이 약간씩 다르다는 것을 알 수 있습니다. 특히 크롬의 경우 현재 기준으로 가장 최신 버전의 운영체제인 윈도우 8.1과 맥 OSX 10.9.2를 사용함에도 불구하고 이전 운영체제의 기본 글꼴(굴림과 애플고딕)을 사용하는 것을 알 수 있습니다.

[그림 2-13] 구글 크롬에서는 한글 글꼴이 굴림체로 표시된다. example/ch02/font.html

[그림 2-14] 파이어폭스에서는 한글 글꼴이 맑은 고딕으로 표시된다.

[그림 2-15] IE11에서는 한글 글꼴이 맑은 고딕으로 표시된다.

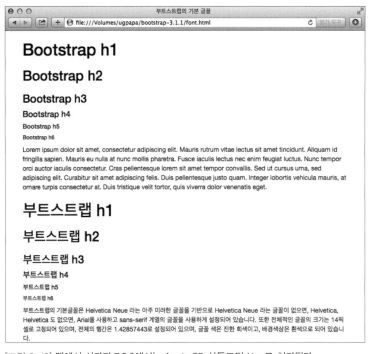

[그림 2-16] 맥에서 사파리 7.0.3에서는 Apple SD 산돌고딕 Neo로 처리된다.

[그림 2-17] 맥에서 크롬은 애플고딕으로 처리된다.

이렇게 브라우저마다 글꼴이 다르게 보이면 전체적인 디자인의 통일감을 방해할 수도 있습니다. 따라서 이 경우 하나의 폰트로 통일해 주는 역할이 필요합니다. 먼저 우리나라 에서 사용자가 많은 윈도우 사용자들을 위해 맑은 고딕으로 폰트를 변경해 보겠습니다. 영문은 그대로 bootstrap 기본 영문 폰트를 사용하겠습니다. 첫 번째 방법은 bootstrap. css 파일을 수정하는 것입니다. 하지만 권장하진 않습니다. bootstrap.css 파일을 에디 터로 열어서 body {} 부분을 찾아서 아래와 같이 수정합니다.

```
body {
  font-family: "Helvetica Neue", Helvetica, Arial,"맑은 고딕",
    "Malgun gothic", sans-serif;
  ... 이하 생략 ...
}
```

이렇게 수정하면 한글은 전부 맑은 고딕체로 표시됩니다.

하지만 이것은 bootstrap.css 파일을 잘못 건들 수도 있기 때문에 추천하진 않습니다.

두 번째 방법은 따로 style을 설정해 주는 것입니다. 아래와 같이 HTML 문서에 삽입 하거나, 따로 별도의 CSS 파일을 만들어 bootstrap.css 파일 다음에 넣어주는 것입니다.

```
<!-- Bootstrap -->
<link href="css/bootstrap.min.css" rel="stylesheet"> ─ 부트스트랩 최소화(압축) 파일을 불러옴
<style>
  body{
    font-family: "Helvetica Neue", Helvetica, Arial, "맑은 고딕", "Malgun gothic",
sans-serif;
    } ─ body 부분에 사용될 font-family를 다시 지정해 줌
</style>
... 이하 생략
```

또는,

```
<!-- Bootstrap -->
<link href="css/bootstrap.min.css" rel="stylesheet"> ─ 부트스트랩 최소화 파일을 불러옴
<link href="css/custom.css" rel="stylesheet"> ─부트스트랩과 별도의 CSS 파일을 만들어 삽입함
... 이하 생략
```

마지막 방법은 부트스트랩 웹사이트의 맞춤화 페이지(아래 링크 및 그림 참고)에서
Typography 부분에서 직접 @font-family-sans-serif 부분에 두 번째 방법에 제시된
"Helvetica Neue", Helvetica, Arial, "맑은 고딕", "Malgun gothic", sans-serif;
를 입력하고 컴파일하는 방법이 있습니다. URL은 다음과 같습니다.

http://getbootstrap.com/customize/#typo

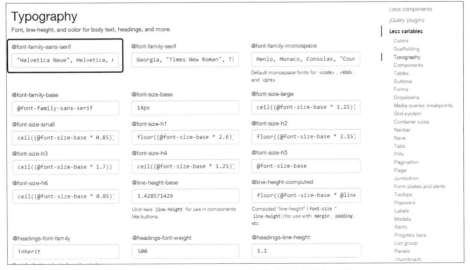

[그림 2-18] 부트스트랩 웹사이트에서 맞춤화(Customize)를 통해 필요한 부분을 수정

필자가 권하는 방법은 두 번째 방법입니다. 부트스트랩 기본 소스코드를 전혀 수정하지 않고 원하는 글꼴을 설정할 수 있기 때문입니다.

[그림 2-19] 두 번째 방법을 이용해서 한글 글꼴을 수정한 후 크롬에서 보이는 모습 example/ch02/font1.html

하지만 이 방법은 맑은 고딕 폰트가 기본적으로 포함된 윈도우 비스타 이상의 운영체제 또는 오피스 2010 이상이 설치된 PC에서만 보이게 되는 단점이 있습니다. 그래서 이번에는 CSS3의 속성 중 font-face를 이용한 방법을 알려드리겠습니다.

font-face에서 사용되는 글꼴은 네이버에서 제공하는 나눔고딕을 이용하는 방법입니다.

이 방법도 직접 글꼴 파일을 설치해서 하는 방법과 구글 font를 이용하는 두 가지 방법이 있습니다. 먼저 직접 글꼴 파일을 적용하는 방법은 앞서 언급한 font-family 적용 방법에서 두 번째 방법인 custom.css 파일을 하나 만들어 적용해 보겠습니다.

custom.css 파일에 다음과 같이 코드를 입력합니다.

```
@font-face{
  font-family:'NanumGothic';
  src:url("NanumGothic.eot");
  src:local(""), url("NanumGothic.woff") format("woff");
}
body {font-family: "Helvetica Neue", Helvetica, Arial, "NanumGothic", sans-serif;}
```

그리고 해당 웹 페이지에 다음과 같이 custom.css 파일을 적용하는데, 반드시 bootstrap.css 다음에 custom.css 파일이 위치해 있어야 합니다.

```
... 상단 생략 ...
<link href="css/bootstrap.min.css" rel="stylesheet">
<link href="custom.css" rel="stylesheet">
... 하단 생략 ...
```

위와 같이 코드를 설정한 후 한글 글꼴이 어떻게 변화되었는지 확인해 보겠습니다.

[그림 2-20]부터 [그림 2-24]까지 보면 모든 한글 글꼴이 동일하게 처리된 모습을 볼 수 있습니다.

이렇게 font-face를 이용해서 별도의 글꼴을 설정하게 되면 어떤 브라우저에서 보든지 동일한 결과물을 얻을 수 있습니다. [그림 2-20]부터 [그림 2-24]까지는 동일한 소스 파일입니다.

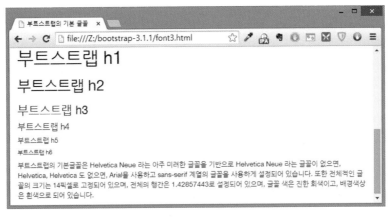

[그림 2-20] 크롬에서 보이는 한글 글꼴 모습 example/ch02/font3.html

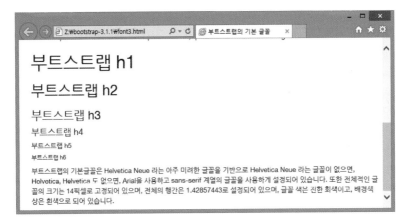

[그림 2-21] IE11에서 보이는 한글 글꼴 모습 example/ch02/font3.html

[그림 2-22] 파이어폭스에서 보이는 한글 글꼴 모습 example/ch02/font3.html

[그림 2-23] 맥용 사파리에서 보이는 한글 글꼴 모습 example/ch02/font3.html

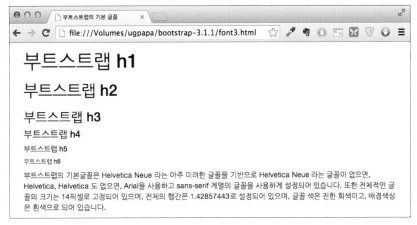

[그림 2-24] 맥용 크롬에서 보이는 한글 글꼴 모습 example/ch02/font3.html

CSS 파일에 직접 font-face 속성을 이용해서 처리하는 방법이 가장 확실하긴 하지만 google fonts의 도움을 받으면 아주 간단한 작업만으로도 동일한 효과를 얻을 수 있습니다. 현재 google fonts에서 제공되는 한글 폰트는 Nanum Brush Script, Nanum Gothic, NanumMyeongjo, Nanum Pen Script, Hanna까지 총 5종의 폰트를 사용할 수 있습니다.

예제에서는 나눔고딕을 적용하는 방법으로 설명하겠습니다. 사용법은 아주 간단합니다. 먼저 CSS 파일에 다음과 같은 코드만 적용해 주면 됩니다.

```
@import url(http://fonts.googleapis.com/earlyaccess/nanumgothic.css);
```

이렇게 적용해 주고 해당 글꼴을 사용하고 싶은 선택자에

```
font-family: 'Nanum Gothic', sans-serif;
```

를 적용해 주면 됩니다. 이 책에서는 body 부분에 적용해 보겠습니다.

```
body {font-family: "Helvetica Neue", Helvetica, Arial, 'Nanum Gothic', sans-serif;}
```

결과를 확인해 보면 [그림 2-25]와 같습니다.

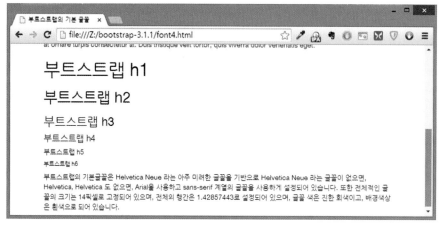

[그림 2-25] google fonts를 이용해서 나눔고딕 적용 후 모습 example/ch02/font4.html

[그림 2-20]과 [그림 2-25]를 비교해 보면 동일한 결과를 확인할 수 있습니다.

한글 웹사이트를 제작할 때 나눔고딕을 기본 글꼴로 사용해도 괜찮지만, 네이버에서 만든 나눔바른고딕의 경우 나눔고딕보다 가독성과 모양이 더 우수합니다. 아쉽게도 현재 google fonts 사이트에서는 나눔바른고딕은 제공되지 않고 있기 때문에 CSS3의 font-face 속성을 이용해야만 합니다(조만간 제공될 것으로 예상합니다).

[그림 2-26] 나눔바른고딕을 적용할 경우 한글 글꼴 모습 example/ch02/font5.html

이 책에서 제공되는 모든 예제에 사용되는 한글은 나눔바른고딕을 기본 글꼴로 하겠습니다.

만약 윈도우 사용자들을 위해서 본문 서체를 굴림 또는 돋움으로 지정할 경우 다음과 같이 지정해 주면 됩니다.

```
body {font-family: "Helvetica Neue", Helvetica, Arial, 굴림, 'Nanum Gothic',
sans-serif; font-size:12px }
```

윈도우에서 사용하는 굴림이나 돋움체는 비트맵용 글꼴로 제작된 서체이기 때문에 윈도우에서는 12px 또는 11px일 때가 가장 가독성이 좋습니다. 물론 14px의 크기일 때도 큰 문제는 되지 않습니다만, 14px 이상일 경우 글꼴이 깨지는 현상이 발생합니다. 따라서 14px 이상의 글꼴은 나눔고딕이나 맑은 고딕 등 최근에 나온 글꼴을 사용하면 가독성이 상당히 뛰어난 사이트를 제작할 수 있습니다.

영문의 경우 Google Fonts 사이트를 이용하면, [그림 2-27]의 결과와 같이 CSS3의 `font-face` 속성을 적용하지 않고도 편리하게 다양한 글꼴을 웹사이트에 적용해 줄 수 있습니다.

Google Fonts 사이트의 URL은 https://www.google.com/fonts입니다.

사용 방법은 원하는 글꼴을 선택한 후 [그림 2-28]에서 보이는 quick-use 버튼을 클릭합니다. 그리고 아래 절차를 따릅니다.

1. 글꼴의 스타일이 다양한 경우 원하는 스타일을 선택합니다.

2. 스타일을 선택한 후 나오는 페이지에 보이는 2번 항목 "Choose the character sets you want:"은 선택하지 않아도 됩니다. 영문 폰트에만 해당하는 사항입니다.

3. HTML 문서에 link, @import 또는 자바스크립트를 사용하여 HTML 문서에 첨부합니다. 필자의 경우에는 별도의 CSS 문서에 @import를 이용하여 처리합니다. link를 사용하면 반드시 HTML 문서의 head 태그 부분에 넣어줘야 하지만, @import를 사용하게 되면 HTML 문서의 head에도 넣을 수 있고, 별도의 CSS 파일 내부에 넣어 줄 수도 있습니다. 따라서 관리적인 편의를 위해서 @import를 사용해서 별도의 CSS 파일에 넣어주면 HTML 문서가 훨씬 깔끔해집니다. 자바스크립트를 이용해서 HTML 문서의 head 부분에 넣어줄 수도 있습니다.

4. 마지막으로 해당 글꼴의 font-family를 지정해 주면 됩니다.

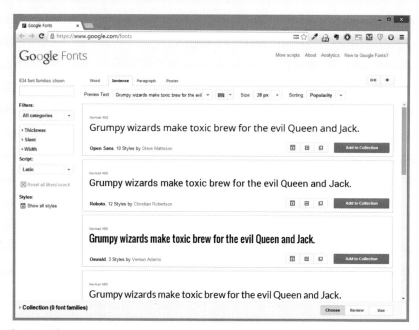

[그림 2-27] Google Fonts 사이트

[그림 2-28] Google Fonts에서 quick-use 버튼

부트스트랩에서 사용하는 타이포그래피 관련 내용입니다. 간단하게 설명을 먼저 하고 하나의 샘플 HTML 문서를 만들어 실제 어떻게 사용하는지 알아보겠습니다.

1. 부트스트랩의 제목은 h1부터 h6까지 사용할 수 있으며, h1은 36px, h2는 30px, h3 는 24px, h4는 18px, h5는 14px, h6는 12px의 고정된 크기를 가지며, 글꼴 모양은 semi-bold의 형태를 지닙니다. 또한 제목에는 <small></small> 태그를 지정해서 원래 크기의 65%(h1,h2,h3)와 75%(h4,h5,h6) 크기로 축소되며, 색상은 #999 값을 가지게 됩니다.

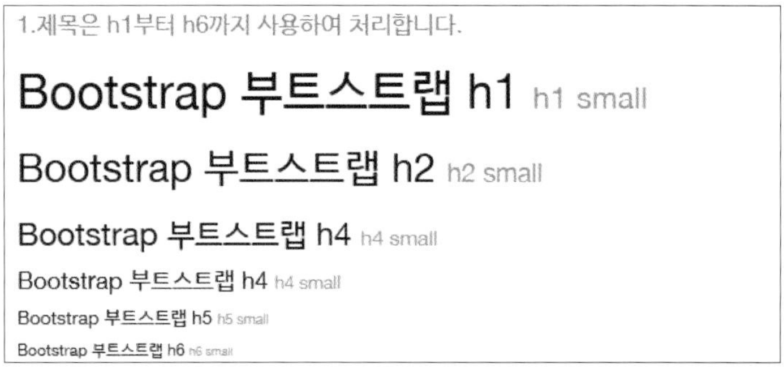

[그림 2-29] 부트스트랩의 제목 처리 example/ch02/typo-sample.html

2. 앞에서도 언급을 했지만, 본문의 글씨크기는 14px을 기본으로 하며, 행간은 1.42857143의 간격을 가집니다. 또한 p 태그를 사용하면 하단에 10px의 마진값을 가집니다.

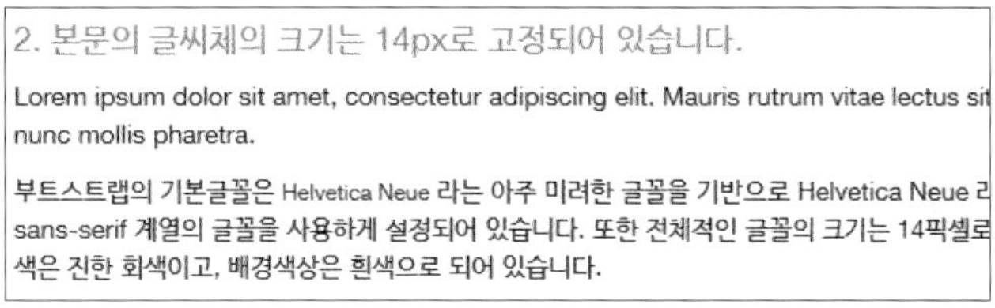

[그림 2-30] 부트스트랩의 본문체 example/ch02/typo-sample.html

3. 본문에서도 <small> 태그를 이용해서 본문의 글씨체를 85%로 작게 만들 수 있으 며, 굵은 글씨체는 <strong> 태그를, 이탤릭체는 <em> 태그를 사용합니다. 본문에서 첫 단락의 문장을 눈에 띄게 크게 만들려면 .lead라는 클래스 선택자를 사용합니다. .lead 선택자는 16px의 크기를 가지며 아주 살짝 두꺼운 글꼴로 표시됩니다.

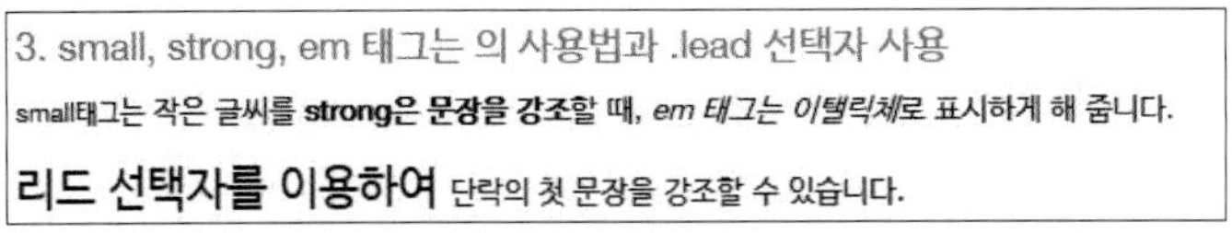

> 3. small, strong, em 태그는 의 사용법과 .lead 선택자 사용
>
> small태그는 작은 글씨를 **strong은 문장을 강조할 때**, *em 태그는 이탤릭체로* 표시하게 해 줍니다.
>
> **리드 선택자를 이용하여** 단락의 첫 문장을 강조할 수 있습니다.

[그림 2-31] 부트스트랩에서 본문 강조 및 기타 처리 방법 example/ch02/typo-sample.html

4. 부트스트랩에서 문단을 정렬할 때는 .text-left, .text-center, .text-right 이렇게 세 개의 클래스 선택자를 이용해서 왼쪽, 중앙, 오른쪽으로 정렬할 수 있습니다.

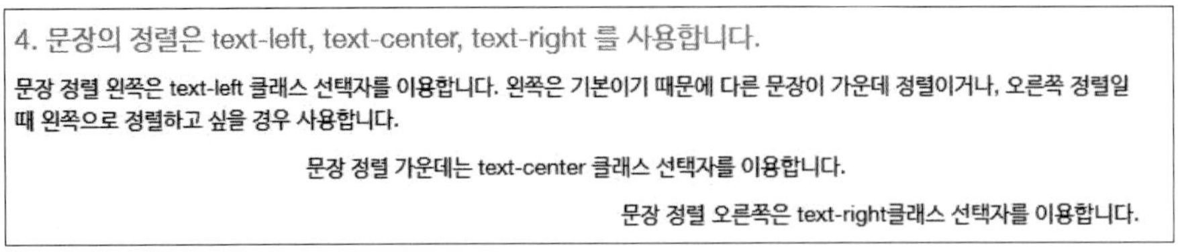

> 4. 문장의 정렬은 text-left, text-center, text-right 를 사용합니다.
>
> 문장 정렬 왼쪽은 text-left 클래스 선택자를 이용합니다. 왼쪽은 기본이기 때문에 다른 문장이 가운데 정렬이거나, 오른쪽 정렬일 때 왼쪽으로 정렬하고 싶을 경우 사용합니다.
>
> 문장 정렬 가운데는 text-center 클래스 선택자를 이용합니다.
>
> 문장 정렬 오른쪽은 text-right클래스 선택자를 이용합니다.

[그림 2-32] 부트스트랩에서 텍스트 정렬 방법 example/ch02/typo-sample.html

5. 몇 개의 강조 클래스를 이용하여 다양하게 문서를 꾸밀 수 있습니다. 강조 클래스는 .text-muted, .text-primary, .text-success, .text-info, .text-warning, .text-danger가 있습니다.

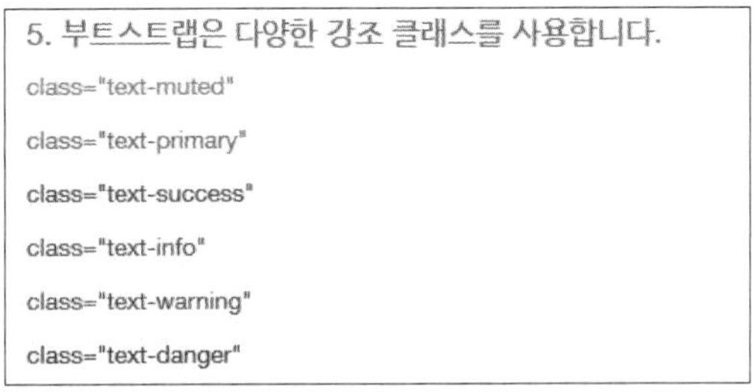

> 5. 부트스트랩은 다양한 강조 클래스를 사용합니다.
>
> class="text-muted"
>
> class="text-primary"
>
> class="text-success"
>
> class="text-info"
>
> class="text-warning"
>
> class="text-danger"

[그림 2-33] 부트스트랩에서 다양한 강조 효과 example/ch02/typo-sample.html

6. <abbr>라는 태그를 이용해서 약어(줄임말)를 처리할 수 있습니다. <abbr>를 사용하면 약어에는 점선 밑줄이 그어지며, 해당 단어에 마우스를 가져가면 물음표가 나오며 원래 텍스트가 나옵니다. UN, HTML과 같은 영문의 약자를 처리하기 위해서는 .initialism이라는 클래스 선택자를 사용합니다. 본문 크기의 90% 정도로 축소되며 영문은 대문자로 변환됩니다.

> 6.약어를 사용할 수 있습니다.
>
> 약어를 사용하면 멘붕 과 같은 약어를 표현해 줄 수 있습니다. 또한 UN 이나, CSS와 같은 영문 약어는 class="initialism" 를 사용하게 되면 단어가 소문자인 경우에도 영문 대문자로 변환되면서 글씨 크기는 90%정도로 변환해 주게 됩니다.

[그림 2-34] 약어 처리 방법 example/ch02/typo-sample.html

7. HTML 문서에서 주소를 나타내주기 위해서 `<address>`라는 태그를 사용하는데, 부트스트랩에서도 주소를 나타내기 위해서 `<address>`를 사용합니다. `<address>`를 사용하면 내부에 있는 단락들은 `<br>` 태그를 사용해서 문장을 구분해 줍니다.

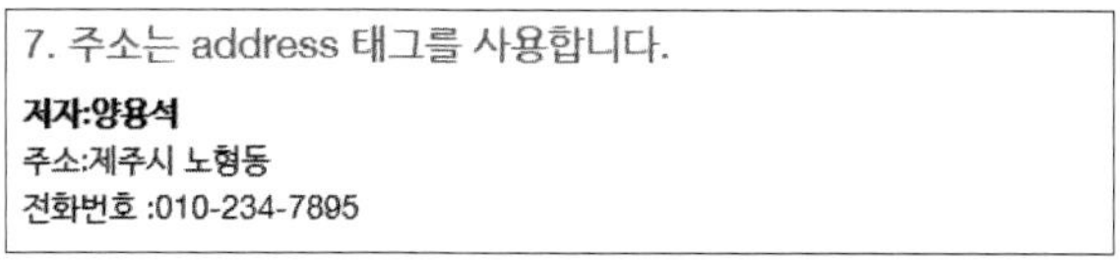

[그림 2-35] 웹사이트 주소 표기 방법 example/ch02/typo-sample.html

8. HTML 문서에서 인용되는 문구를 나타내기 위해서 `<blockquote>`를 사용하는데, 부트스트랩 또한 `<blockquote>`를 사용합니다. 인용구의 출처를 표기할 때는 `<small>` 태그로 감싸고, 원천은 `<cite>` 태그로 감싸면 됩니다. 또한 인용구를 오른쪽으로 정렬하려면 `pull-right`라는 클래스 선택자를 다음과 같이 blockquote에 추가하면 됩니다.

```
<blockquote class="pull-right">...</blockquote>
```

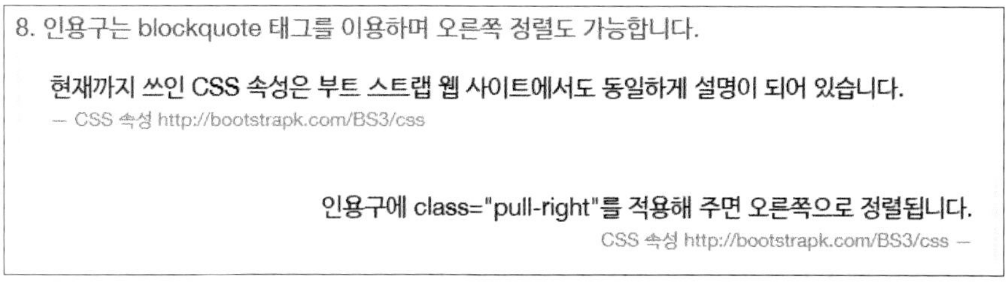

[그림 2-36] 인용구 처리 방법 example/ch02/typo-sample.html

9. 부트스트랩에서 문장의 목록(list)은 `<ul><li>...</li></ul>` 또는 `<ol><li>...</li></ol>` 태그를 사용해서 나타냅니다. `<ul><li>...</li></ul>` 태그는 숫자가 없는 즉 순서가 없는 목록을 나타내고, 숫자가 표시되는 목록은 `<ol><li>...</li></ol>`를 사용합니다. ul 태그에 스타일을 제거하려면 `<ul class="list-unstyled">`와 같이 처리하며, 세로로 정렬된 목록을 가로로 표시할 때는 `<ul class="list-inline">`으로 설정하면 됩니다. 목록을 나타내는 태그 중 `<dl><dt>...</dt><dd>...</dd><dl>` 태그는 특정 단어를 설명할 경우 사용됩니다. dl 태그에 `<dl class="dl-horizontal">`라는 속성을 추가면 설명들이 수평으로 정렬됩니다.

9. 목록(list)를 표시할때는 ul , ol, dt 태그를 사용합니다.

- 일반적인 목록인 경우 ul과 li를 이용합니다.
- 이 경우 기본적으로 왼쪽에 20px 하단으로 10px의 여백이 생깁니다.

1. 리스트의 숫자를 표시 할 때는 l, li 태그를 사용합니다
2. 이 경우에도 왼쪽에 20px 하단으로 10px의 여백이 생깁니다.

여기는 ul 또는 ol 태그에 class="list-unstyled"를 적용한 부분입니다.list-unstyled 클래스 선택자를 사용하면 왼쪽 20px 여백
이 0으로 바뀝니다.
상단에 있는 ul과 ol 태그가 적용된 부분을 확인해 보세요.
  ○ 목록 내부에 다시 ul 태그를 사용하면 원래의 ul 또는 ol 값과 동일한 결과를 얻을 수 있습니다.
  ○ 상단의 ul 과 비교해 보시기 바랍니다.
반드시 소스 파일을 확인해 보시기 바랍니다.

ul에 class="list-inline' 을 적용하면 목록이 세로에서 가로로 펼쳐집니다.
각 li 사이는 오른쪽과 왼쪽으로 5픽셀의 패딩값이 적용됩니다.

HTML
Hyper Text Markup Language
CSS
Cascading Style Sheet
bootstrap
Twitter에서 만든 웹 사이트 제작용 프레임워크

HTML	Hyper Text Markup Language
CSS	Cascading Style Sheet
bootstrap	Twitter에서 만든 웹 사이트 제작용 프레임워크

[그림 2-37] 리스트(목록) 처리 방법 example/ch02/typo-sample.html

2.3 코드와 테이블

부트스트랩을 이용해서 간단하게 한줄(인라인 방식)에 HTML 및 CSS 코드 등을 나타내
줄 때는 code라는 태그를 사용합니다. 그리고 여러 행에 걸쳐 있는 코드는 pre 태그를 사
용합니다. 여기서 HTML 코드 중에 <는 <로 >는 >로 치환해 줘야 HTML 코드가
제대로 보입니다.

code 태그는 인라인 방식으로 사용할 때 다음과 같이 사용합니다. `<table> ... </table>`

행이 길 경우에는 pre 태그를 사용합니다.

```
<table>
    <tr>
        <td>
        </td>
    </tr>
</table>
```

[그림 2-38] 부트스트랩에서 코드를 표시할 때 code와 pre 태그를 사용한다. example/ch02/code-sample.html

또한 코드를 보여줄 때 코드가 길 경우에는 `pre` 태그에 `<pre class="pre-
scrollable">`과 같이 처리해 주면 350px이 넘어가는 경우 코드가 보이는 박스에 자동
으로 스크롤이 생기게 됩니다.

```
<!doctype html>
<html lang="ko-kr">
  <head>
    <meta charset="utf-8">
    <meta http-equiv="X-UA-Compatible" content="IE=edge">
    <meta name="viewport" content="width=device-width, initial-scale=1">
    <title>부트스트랩의 기본 글꼴 </title>

    <!-- Bootstrap -->
    <link href="css/bootstrap.min.css" rel="stylesheet">
    <link href="custom2.css" rel="stylesheet">

    <!-- HTML5 Shim and Respond.js IE8 support of HTML5 elements and media queries -->
    <!-- WARNING: Respond.js doesn't work if you view the page via file:// -->
    <!--[if lt IE 9]>
      <script src="https://oss.maxcdn.com/libs/html5shiv/3.7.0/html5shiv.js"></script>
      <script src="https://oss.maxcdn.com/libs/respond.js/1.4.2/respond.min.js"></script>
```

[그림 2-39] <pre class="pre-scrollable">을 추가하면 350px이 넘어갈 때 자동으로 스크롤 생성

example/ch02/code-sample.html

HTML을 이용해서 테이블을 사용하는 경우는 표 데이터를 사용할 때 주로 사용합니다. 이전에 비 웹표준 사이트의 경우 테이블 태그를 사이트 레이아웃을 잡는 데 사용하긴 했지만, 현재 거의 모든 사이트들이 웹표준으로 개발되고 있어, 더 이상 테이블 태그를 사용해서 레이아웃을 구성하진 않습니다. 테이블 태그는 또한 웹사이트의 게시판을 만들 때도 많이 사용합니다.

기본적인 테이블 태그는 [예제 2-2]와 같은 형식으로 구성됩니다.

[예제 2-2] 기본적인 테이블 태그의 구성

```
<table>
  <thead>
    <tr>
      <th>번 호 </th>
      <th>제 목</th>
      <th>글쓴이</th>
    </tr>
  </thead>
    <tr>
      <td>1</td>
      <td>내 용 </td>
      <td>홍길동</td>
    </tr>
    ... 중간 생략 ...
</table>
```

[예제 2-2]와 같은 테이블 코드만 적용할 경우 [그림 2-40]과 같은 결과를 얻을 수 있습니다.

기본 table 코드

번 호	제 목	글쓴이
1	테이블 테스트 테이블 테스트 테이블 테스트	홍길동
2	테이블 테스트 테이블 테스트 테이블 테스트	임꺽정
3	테이블 테스트 테이블 테스트 테이블 테스트	성춘향

[그림 2-40] 기본 table 코드만 적용했을 경우 결과 example/ch02/table-sample.html

부트스트랩에서 기본적인 table에는 아무런 속성도 적용되지 않습니다. 하지만 table 태그 부분에 class="table"을 적용해 주면 넓이width가 100%인 테이블이 생성됩니다. 또한 행 사이에 border가 적용됩니다.

table class="table" 적용시

번 호	제 목	글쓴이
1	테이블 테스트 테이블 테스트 테이블 테스트	홍길동
2	테이블 테스트 테이블 테스트 테이블 테스트	임꺽정
3	테이블 테스트 테이블 테스트 테이블 테스트	성춘향

[그림 2-41] <table class="table">을 적용해 준 결과 example/ch02/table-sample.html

<table class="table">이 부트스트랩에서 사용하는 가장 기본적인 테이블의 형태입니다. 여기에 여러 가지 효과를 줄 수 있는데, [그림 2-42]를 보면 <table class="table">을 기본으로 다른 클래스 선택자를 추가해 주면 다양한 효과를 줄 수 있습니다. 먼저 테이블의 각 행에 색상을 넣어주는 table-striped가 있으며, 기본 테이블은 각 행에만 밑줄 테두리가 있는데 테이블 전체에 테두리를 둘러주고 싶은 경우에는 table-bordered를 추가하며, table-hover 선택자를 추가해 주면 [그림 2-42]에서 보듯이 각 행에 마우스를 오버하는 경우 색상이 변하게 됩니다. 또한 table-condensed를 적용해 주면 각 셀의 padding 값이 작아져서 타이트한 느낌의 테이블을 꾸며줄 수 있습니다.

class="table table-striped" 적용시

번 호	제 목	글쓴이
1	테이블 테스트 테이블 테스트 테이블 테스트	홍길동
2	테이블 테스트 테이블 테스트 테이블 테스트	임꺽정
3	테이블 테스트 테이블 테스트 테이블 테스트	성춘향

class="table table-bordered" 적용시

번호	제목	글쓴이
1	테이블 테스트 테이블 테스트 테이블 테스트	홍길동
2	테이블 테스트 테이블 테스트 테이블 테스트	임꺽정
3	테이블 테스트 테이블 테스트 테이블 테스트	성춘향

class="table table-hover" 적용시

번호	제목	글쓴이
1	테이블 테스트 테이블 테스트 테이블 테스트	홍길동
2	테이블 테스트 테이블 테스트 테이블 테스트	임꺽정
3	테이블 테스트 테이블 테스트 테이블 테스트	성춘향

class="table table-condensed" 적용시

번호	제목	글쓴이
1	테이블 테스트 테이블 테스트 테이블 테스트	홍길동
2	테이블 테스트 테이블 테스트 테이블 테스트	임꺽정
3	테이블 테스트 테이블 테스트 테이블 테스트	성춘향

[그림 2-42] 기본적인 `<table class="table">`에 추가적인 효과를 적용해 준 결과 example/ch02/table-sample.html

타이포그래피에서와 같이(그림 2-33 참조) 테이블 또한 행row과 테이블의 각 셀cell마다 특정 (의미가 있는) 색을 넣어 줄 수 있습니다. 각 행 또는 셀마다 색을 넣는 방법은 해당 행 또는 셀에다 클래스 선택자를 적용하면 됩니다. 해당 클래스 선택자는 다음과 같습 니다.

[표 2-2] 테이블 행 또는 셀에 색상 지정

클래스 선택자	설명
.active	색상은 회색입니다.
.success	색상은 연두색 계열로 #d0e9c6 값을 가집니다..
.warning	색상은 겨자색 계열로 #faf2cc 값을 가집니다.
.danger	색상은 붉은색 계열로 #ebcccc 값을 가집니다.

[표 2-2]에서 클래스 선택자의 이름을 .active, .success, .warning, .danger라고 의미가 있는 이름을 지정했지만, 사실 이 부분은 색상에 따른 구분으로 특별한 의미를 가지진 않습니다. 다만 색상에 따른 구분을 편리하게 하기 위해서 가장 이해가 빠른 단어를 사용한 것으로 판단됩니다. 모든 개발자들이 가장 골치 아픈 문제 중 하나가 변수 또는 선택자에 이름을 부여하는 것입니다. 부트스트랩에서 [표 2-2]와 같이 한 이유도 사용자

들이 빠르게 이해하고 적용할 수 있기 때문에 이런 단어를 사용했을 것이라고 추측해 봅니다.

class="active" class="success" class="warning" class="danger" 적용시		
번호	tr class="active"	글쓴이
1	tr class="success"	홍길동
2	tr class="warning"	임꺽정
3	tr class="danger"	성춘향

[그림 2-43] 부트스트랩 테이블의 각 행 또는 셀에는 의미있는 색상을 부여할 수 있다.
example/ch02/table-sample.html

부트스트랩에서 사용하는 테이블은 모두 반응형responsive 테이블입니다. 따라서 브라우저의 길이에 맞춰 테이블의 크기 및 내용 부분 또한 가변적으로 변하게 됩니다. 하지만 기변적인 길이에 맞춰 테이블의 크기가 줄어들어 내부에 있는 데이터까지 줄어들게 되면 경우에 따라 테이블의 모습이 조금은 이상하게 보이는데 이 부분을 크기가 작아지면 (768px 이하) 자동으로 테이블에 스크롤 바가 생성되게 해 줄 수 있습니다. 테이블 태그가 적용된 부분을 div class="table-responsive"를 이용해서 감싸 버리면 됩니다.

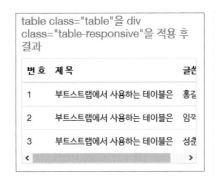

[그림 2-44] div class="table-responsive"를 이용해서 테이블을 감싼 후(왼쪽) 감싸기 전(오른쪽)
example/ch02/table-sample.html

테이블에 적용된 클래스 선택자의 경우 혼합해서 사용 가능합니다. 다음과 같이 적용해 주면 테이블 테두리에 선이 적용되고 각 행마다 마우스 오버 시 색상이 적용되게 됩니다.

```
class="table table-borderedtable table-hover"
```

2.4 폼

웹사이트를 이용해서 글을 쓰거나 회원가입 등을 할 때 다양한 폼form을 이용해서 값을
입력하게 됩니다. 일반적인 HTML5의 폼 형태는 [예제 2-3]과 같습니다.

[예제 2-3] 일반적인 폼의 형태

```
<form>
  <label for="Name">이름</label>
  <input type="text" placeholder="이름">
  <label for="emailaddress">이메일</label>
  <input type="email" placeholder="이메일">
  <button type="submit">확인</button>
</form>
```

[예제 2-3]에서 `<button type="submit">확인</button>` 대신에 `<input type="submit" value="확인">`을 사용하기도 합니다.

부트스트랩에서는 값을 입력 받는 input, textarea 그리고 select 요소는 전부 .form-control이라는 클래스 선택자를 적용해 줍니다. 이렇게 하면 모든 input, textarea, select는 넓이width가 100%로 변환되고, 높이height는 34px 값이 적용되고, 패딩 값이 상하 6px 좌우 12px로 적용되어 공간적으로 안정감이 있으며, border-radius 값이 4px이 적용됨으로써 보다 부드러운 모양으로 변하게 됩니다. 입력 받는 부분에는 일반적으로 label과 input으로 구성되는데, 이 부분에 .form-group이라는 클래스 선택자를 적용해 줌으로써 하단으로 15px의 마진 값을 가지게 되어 공간적인 여백이 생기게 됩니다.

[예제 2-4] 부트스트랩을 이용한 폼 양식 변경

```
<form role="form">
<div class="form-group">
  <label for="Name">이름</label>
  <input type="text" class="form-control" placeholder="이름">
</div>
<div class="form-group">
  <label for="emailaddress">이메일</label>
  <input type="email" class="form-control" placeholder="이메일">
</div>
<div class="form-group">
  <button type="submit"> 확인</button>
</div>
</form>
```

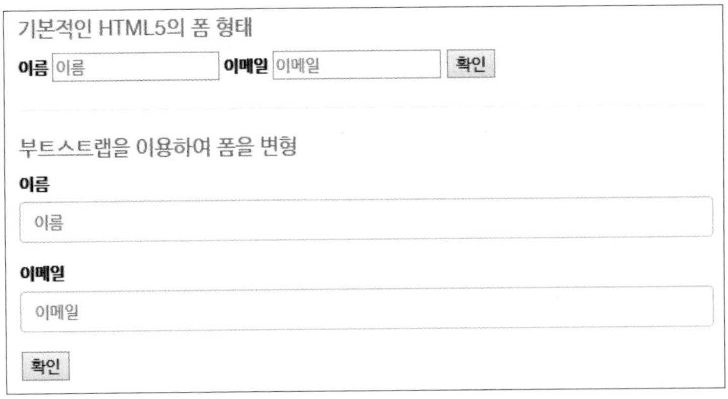

[그림 2-45] 부트스트랩을 이용한 기본적인 폼 변경 전(상단) 후(하단) example/ch02/form-sample.html

여기서 잠깐

[예제 2-4]를 보면 `<form role="form">` 부분이 보일 겁니다. 특히 여기서 `role="form"`이라고 되어 있는 role은 HTML5에서 새롭게 추가된 태그인데, ARIA(Accessible Rich Internet Applications)라는 HTML5 상세 규격의 한 부분입니다. 이 role이 해주는 역할은 해당 태그에 대한 정의를 해 줌으로써, 시각 장애인이 컴퓨터의 리더기를 이용해서 웹 페이지를 읽을 때 "해당 부분이 form이다"라고 정의해 주는 것입니다. 따라서 화면용 리더기에 "이 부분이 값을 입력하는 곳이다"라고 알려주는 역할을 합니다.

특히 배너 광고가 들어가는 부분에는 `<img src="배너이미지" role="banner">`와 같이 "배너 광고 부분이다"라고 해당 역할(role)을 지정해 줌으로써 그 부분을 완전히 배제하고 웹 페이지의 내용만 읽게 해주는 역할을 합니다. role로 정의할 수 있는 부분은 많지만, 아래의 표의 내용 정도만 지정해 주더라도 장애인들에게는 아주 편리한 웹사이트로 인식될 수 있습니다. 보다 자세한 role에 대한 내용은 w3.org에 있는 role 관련 내용을 참조하기 바랍니다(http://www.w3.org/wiki/PF/XTech/HTML5/RoleAttribute).

[표 2-3] 알아두면 편리한 role 관련 속성

alert	아주 중요한 내용이나 정보가 있는 곳 또는 관련 정보가 변경된 경우
article	웹 페이지의 내용이 들어가 있는 곳 또는 내용이 변경된 경우
banner	배너가 있는 곳을 표시해 줌
contentinfo	전체 문서의 내용에 대한 안내가 있는 부분 또는 내용이 변경된 경우
heading	페이지의 머리말 부분 또는 내용이 변경된 경우
img	이미지가 있는 부분을 알려줌 또는 이미지가 변경된 경우
navigation	메인 메뉴와 서브 메뉴가 있는 곳을 알려주거나 내용이 변경된 경우
menuitem	서브 메뉴 또는 메뉴의 옵션이 있는 곳을 알려주거나 변경된 경우
form	폼 양식이 있는 곳을 알려주거나 변경된 경우

role 속성을 반드시 적용해야 하는 것은 아닙니다만 화면용 리더기를 이용해야만 하는 사이트를 이용할 수 있는 분(시각장애인)들에게도 불편함이 없는 사이트를 제공하고 싶다면, 이 속성은 필수적이라고 할 수 있습니다.

[그림 2-45]와 달리 부트스트랩 웹사이트에서는 <button> 부분에도 별도의 클래스 선택자를 적용했지만, 폼 속성 다음에 버튼에 관련된 내용이 나오기 때문에 여기서는 <button> 부분은 그대로 놔두겠습니다.

[그림 2-45]에서와 같은 기본 폼에서 인라인 형태로 폼을 변경하기 위해서는 form 태그에 .form-inline이라는 클래스 선택자를 추가해 주면 [그림 2-46]과 같은 상태로 변경됩니다.

```
<form class="form-inline" role="form">
```

[그림 2-46] 기본 폼을 인라인 형식으로 변경한 후 모습 example/ch02/form-sample.html

[그림 2-47]에서 보면 HTML5에서는 placeholder라는 속성을 이용해서 input 부분에 어떤 내용이 들어갈 수 있는지 알려주는 역할을 하기 때문에 굳이 label 값을 보여 주지 않아도 무방합니다. 하지만 label 값을 제거해 버리면 화면용 리더기가 label 값을 읽지 못하기 때문에 label 부분을 제거하면 안 되고 화면에서 보이지 않게 처리하는 방법이 있습니다. label 부분에 .sr-only라는 클래스 선택자를 추가해 주면 label 부분은 화면에서만 보여지지 않습니다. .sr-only는 screen reader only라는 의미를 지니며, 이 선택자를 적용하면 화면상에서 보여지진 않지만 화면용 리더기에서는 값을 읽을 수 있습니다.

[그림 2-47] .sr-only 적용 후 인라인 폼 모습 example/ch02/form-sample.html

부트스트랩에서는 폼 양식을 수평으로 정렬할 수도 있습니다. 수평으로 정렬을 하기 위해서는 앞서 배운 그리드 시스템을 label 부분과 input 부분에 적용해 줘야 합니다. 또한 form 부분에 form-horizontal이라는 클래스 선택자를 적용해 줘야 합니다.

먼저 폼 전체에 <form class="form-horizontal" role="form">을 적용해 줍니다. 그리고 label에 적용하고 input 부분은 div를 이용해서 그리드 시스템을 적용해 줍니다. input 부분을 div로 감싸는 이유는 input의 넓이가 width 100%로 적용되어 있기 때문에 div를 이용해서 감싸게 되면 input의 크기는 그리드가 적용된 div 값에 연동되기 때문입니다. 또한 수평 폼에 있는 label 부분에 있는 텍스트는 오른쪽 정렬하기 위해서

label에 .control-label이라는 클래스 선택자를 적용합니다. .control-label은 최소 넓이가 768px 이상일 경우에만 적용됩니다. 예제에서는 label에는 클래스 선택자 col-xs-2 col-lg-2를 적용하고 input 부분 또한 클래스 선택자 col-xs-10 col-lg-10을 적용합니다. [표 2-1]을 참조하면 왜 col-xs-와 col-lg-를 적용하는지 알 수 있습니다.

[예제 2-5] 수평 폼을 적용하기 위해선 그리드 시스템을 이용함

```
<label for="Name" class="col-xs-2 col-lg-2 control-label">이름</label>
<div class="col-xs-10 col-lg-10">
  <input type="text" class="form-control" placeholder="이름">
</div>
... 이하 생략 ...
```

[그림 2-48] 부트스트랩의 수평 폼 적용 example/ch02/form-sample.html

다음은 일반적으로 form에 사용되는 컨트롤들을 알아보겠습니다. [표 2-4]는 폼 컨트롤을 정리해놓은 표입니다.

[표 2-4] form에서 사용되는 컨트롤

하나의 행에 텍스트를 입력 받거나 비밀번호 또는 날짜와 같은 다양한 값을 입력 받을 때 사용	
input	text, password, datetime, datetime-local, date, month, time, week, number, email, url, search, tel, color(빨간색 속성은 HTML5에서만 사용 가능, 현재 크롬과 오페라 브라우저 이외에는 작동하지 않을 수 있음)
일반 게시판에서 내용을 입력 받을 때와 같이 많은 행이 필요한 경우	
textarea	row를 이용해서 행의 크기를 조절
목록에서 하나 또는 몇 개의 옵션을 선택할 때 사용	
input	checkbox, radio
지정되어 있는 값 중 하나를 선택할 때 사용	
select	multiple 또는 기본 옵션

기본적인 HTML5의 폼 형식

input type="text"

input type="password"

input type="datetime"

input type="datetime-local"

연도-월-일 -- --:--

input type="date"

연도-월-일

input type="month"

----년 --월

input type="time"

-- --:--

type="week"

----, --번째 주

[그림 2-49] HTML5에서 사용되는 모든 타입은 부트스트랩에서 사용 가능(현재 화면은 크롬에서의 화면. 파이어
폭스나 IE에서는 input 타입이 모두 text와 같이 보임) example/ch02/form-sample-2.html

textarea

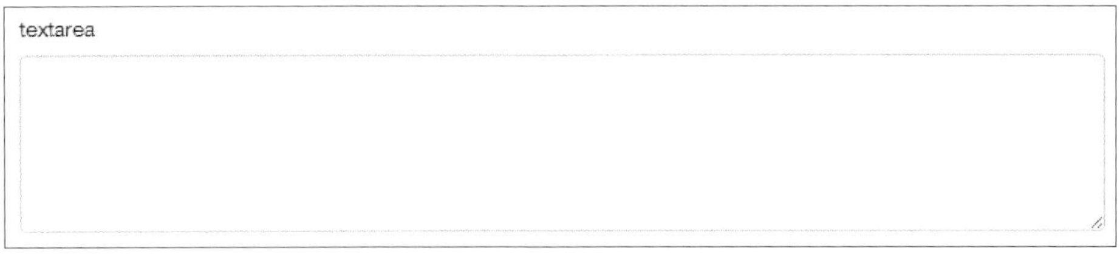

[그림 2-50] textarea 부분 example/ch02/form-sample-2.html

[그림 2-50]에서 textarea의 경우 row와 col 속성을 이용해서 크기를 정해 줄 수 있
지만 부트스트랩에서는 col 속성은 사용하지 않고 row 속성만 사용합니다. col 속성은
넓이를 정해 주는 역할을 하는데 부트스트랩에서는 기본적으로 textare 부분을 100%로
처리하기 때문입니다. 그림에서는 row=5를 적용한 상태입니다.

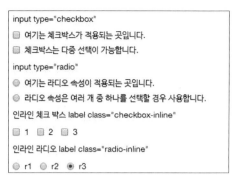

[그림 2-51] input type="checkbox"와 input type="radio"가 적용된 상태 example/ch02/form-sample-2.html

[그림 2-51]에서 checkbox는 다중 선택할 때 사용하며, radio는 하나만 선택할 경우 사용됩니다. 또한 체크 박스와 라디오는 label class="checkbox-inline"과 label class="radio-inline"을 이용해서 인라인(수평)으로 정렬할 수 있습니다.

[그림 2-52] select의 기본값과 multiple이 적용된 모습 example/ch02/form-sample-2.html

[그림 2-52]에서 select는 기본값과 multiple 적용을 할 수 있습니다. 기본값은 그림에서 상단과 같은 결과를, multiple은 하단과 같은 결과를 얻을 수 있습니다. select 부분도 input과 동일하게 width:100%가 적용됩니다.

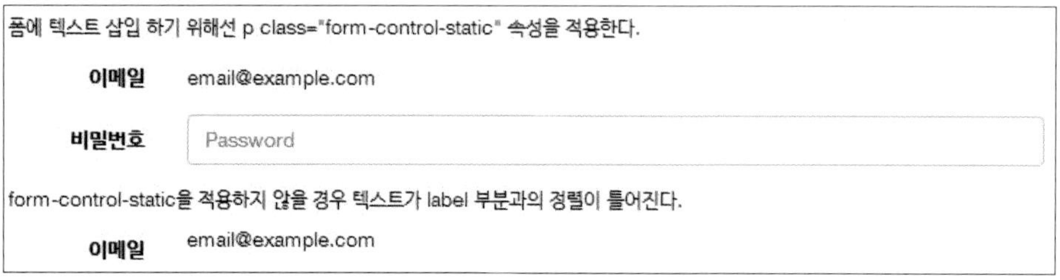

[그림 2-53] form 내부에 텍스트 삽입 example/ch02/form-sample-2.html

[그림 2-53]에서와 같이 form 내부에 텍스트를 삽입하기 위해선 텍스트 부분에 form-control-static 클래스 선택자를 적용해 줍니다. 이 속성은 margin-bottom:0; 값과 padding-top:7px; 값을 가지고 있습니다. 그림 하단을 보면 단순하게 p 태그만 적

용해 줬을 때는 label과 정렬이 맞지 않는 결과를 얻기 때문에 텍스트 부분에는 반드시 form-control-static 클래스 선택자를 적용해 줘야 합니다.

부트스트랩에서 사용하는 input과 textarea 부분에 값을 이용하기 위해서 마우스로 해당 input과 textarea를 클릭하면 :foucs 속성이 적용됩니다.

[그림 2-54] input 또는 textarea 부분 활성 시 example/ch02/form-sample-2.html

[그림 2-54]에서는 input 또는 textarea 부분이 활성화 되었을 때 테두리 색상과 CSS3의 box-shadow 속성이 적용됩니다. 사용자에 의해서 이 부분의 색상과 모양은 변경할 수 있습니다.

부트스트랩에서 form 내부의 input 또는 textarea에 있는 :focus 속성은 다음과 같습니다.

```
.form-control:focus {
  border-color: #66afe9; // 여기서 테두리 색상을 변경할 수 있음.
  outline: 0;
  -webkit-box-shadow: inset 0 1px 1px rgba(0,0,0,.075), 0 0 8px rgba(102,
175, 233, .6);
  // box-shadow의 색상과 흐림의 정도를 조절할 수 있음.
  box-shadow: inset 0 1px 1px rgba(0,0,0,.075), 0 0 8px rgba(102, 175,
233, .6);
}
```

주의

부트스트랩의 기본 속성은 되도록이면 수정하지 말고 별도의 CSS 파일에 해당 클래스 선택자를 넣어주고 수정하는 것이 가장 안전합니다. CSS는 top-down 방식 즉 브라우저는 상단에서부터 하단으로 코드를 읽어오기 때문에 가장 나중에 정해준 속성이 최종 결과물에 반영되기 때문입니다.

기본적으로 input 속성에는 disabled라는 속성이 있습니다. 사용자 입력을 비활성화 해 주는 역할을 하는데, 부트스트랩도 동일하게 disabled라는 속성을 적용하면, 부트스트랩 고유의 디자인으로 disabled 상태가 됩니다.

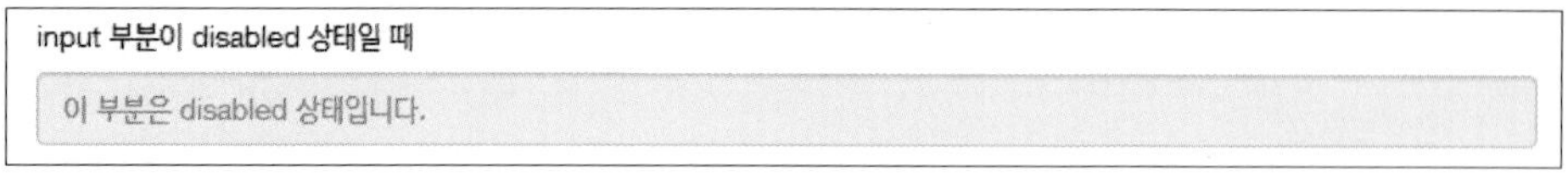

[그림 2-55] input 상태가 disabled일 때 디자인 example/ch02/form-sample-2.html

form 내부에는 fieldset이란 태그를 이용해서 입력 부분을 구분해 줄 수 있습니다. 이 fieldset 부분 또한 disabled 속성을 지정하면 해당 fieldset을 비활성화 해줄 수 있습니다(IE9을 포함해서 그 이하의 브라우저는 fieldset 속성에 disabled 속성을 지정하더라도 비활성화가 되질 않습니다).

[그림 2-56] fieldset 적용 모습 example/ch02/form-sample-2.html

[그림 2-56]에서는 기본정보와 부가정보를 fieldset을 이용해서 구분을 했으며, 하단에 있는 부가정보 fieldset에는 disabled 속성이 적용되어 있어 값을 입력 받을 수 없습니다.

[그림 2-57] input에 색 지정 클래스 선택자 적용 example/ch02/form-sample-2.html

[그림 2-57]에서와 같이 폼을 이용해서 프로그래밍을 하다 보면 input 값이 지정된 값이 아니라, 잘못된 값이 있을 경우 사용자에게 해당 input 값이 잘못되었음을 알려줄 필요가 있습니다. 예를 들어 전화번호를 입력하는 input 부분에 글자를 입력하고 확인 버튼을 누르게 되면 해당 input 부분에 잘못된 값이 입력되었다는 표시를 해줘야 하는데, 부트스트랩에서는 has-success란 클래스 선택자로 성공을, has-warning이란 클래스 선택자로 경고의 의미를, has-error라는 클래스 선택자로 에러를 표시하게 됩니다. 각 선택자는 label과 input을 감싸는 div 태그에 적용하면 됩니다.

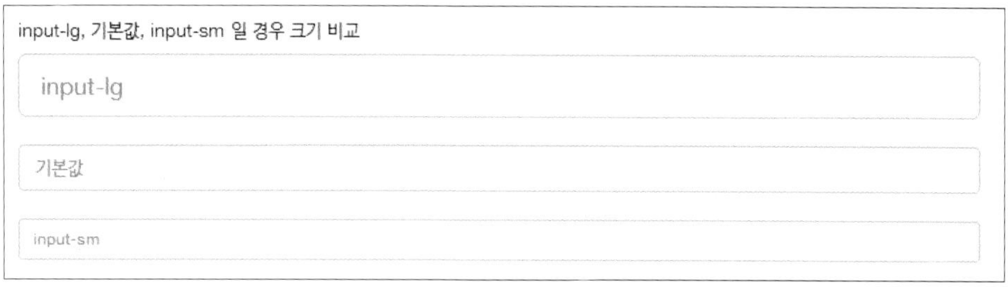

[그림 2-58] input 크기 변경 example/ch02/form-sample-2.html

[그림 2-58]과 같이 폼 컨트롤의 경우 기본적인 크기 이외에도 좀 더 크거나 작게 input 값을 변경해 줄 수 있습니다. input 태그가 들어가 있는 부분에 input-lg와 input-sm이라는 클래스 선택자를 추가해 주면 됩니다. 기본적인 크기는 form-control 이외에 다른 선택자를 추가하지 않는 것입니다(여기서 input-lg는 input-large를 의미하며, input-sm은 input-small을 의미합니다. 부트스트랩에서 사용되는 클래스는 거의 전부가 약자를 사용하기 때문에 의미만 파악되면 쉽게 적용할 수 있습니다).

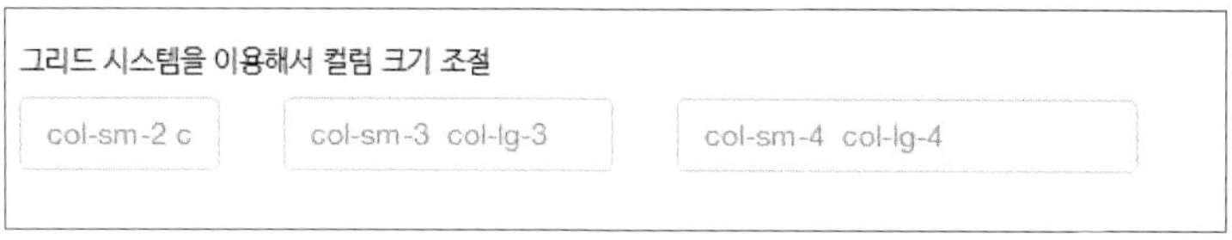

[그림 2-59] 그리드 시스템을 이용한 컬럼 크기 조절 example/ch02/form-sample-2.html

[그림 2-59]와 같이 그리드 시스템을 이용해서 컬럼의 크기도 조절할 수 있습니다. 해당 input 부분을 div 태그로 감싼 후 그리드 시스템에서 사용하는 클래스 선택자를 적용해 주면 됩니다. input 부분의 넓이가 100%이기 때문에 그리드 시스템의 크기에 따라서 input의 크기는 맞춰지기 때문입니다.

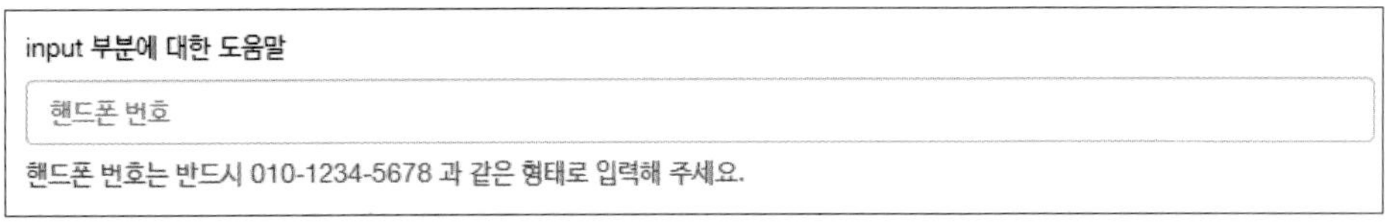

```
input 부분에 대한 도움말

핸드폰 번호

핸드폰 번호는 반드시 010-1234-5678 과 같은 형태로 입력해 주세요.
```

[그림 2-60] input 부분에 대한 도움말 example/ch02/form-sample-2.html

[그림 2-60]에서와 같이 input 부분에 값을 어떻게 입력해야 하는지에 대한 도움말이 필요한 경우 `<span class="help-block">...</span>`과 같은 인라인 태그를 이용해서 help-block이란 클래스 선택자를 적용하면 됩니다.

여기까지 폼에 대한 내용을 학습했는데, form은 커뮤니티 사이트에서 가장 많이 사용되고 특히 회원가입과 같은 웹사이트에 가장 중요한 부분에 사용되기 때문에 form 디자인이 잘 되어 있으면, 사용자들에게 해당 사이트에 대한 인상을 좋게 만들 수 있습니다. 부트스트랩을 이용한 폼 디자인은 아주 깔끔하고 세련되기 때문에 폼 부분에 대해 조금 더 신경 써서 소스 파일을 본다면 폼 부분을 멋지게 디자인할 수 있을 것입니다.

2.5 버튼과 이미지 그리고 헬퍼 클래스

부트스트랩을 이용하면 버튼에 다양한 효과를 적용해 줄 수 있습니다. 기본적인 버튼은 앞절의 폼에 관한 코드에서도 나왔지만 `<button></button>`과 `<input type="button">` 그리고 `<a href="링크주소">`와 같이 앵커 태그(a 태그)를 이용한 버튼 이렇게 세 가지로 나뉩니다.

`<button>` 태그는 `</button>` 태그로 닫으며, 버튼 이름을 지정할 경우에는 `<button>` 텍스트`</button>`이라고 사용하며 input을 이용하는 경우에는 `<input type="button" value="텍스트">` 또는 `<input type="submit" value="텍스트">`라고 사용되며, 단독 태그로 사용됩니다.

앵커 태그는 `<a href="링크주소">` 텍스트 `</a>`와 같은 형식으로 사용합니다. 버튼의 기본 클래스 선택자는 .btn을 적용하며 여기에 추가적으로 다양한 버튼 효과를 추가합니다. btn은 button의 약자입니다.

[그림 2-61] 부트스트랩에서 사용되는 버튼 example/ch02/button.html

    [그림 2-61]에서 button 태그에 어떠한 선택자도 적용하지 않는 모습과 단지 .btn만 적용한 모습이 제일 상단에 위치하고 있으며, 다음은 button 태그에 여러 가지 속성을 적용한 버튼 그리고 input 태그를 사용한 버튼, 마지막으로 a 태그를 사용한 버튼 순으로 배열되어 있습니다. 그림에서 각 버튼에는 .btn-default는 기본 모양 .btn-primary 은 중요한 버튼을 의미하며, .btn-success는 긍정적인 의미를 지닌 버튼을, 정보를 나타내는 .btn-info 그리고 주의를 알리는 .btn-warning 그리고 위험을 나타내는 .btn-danger가 적용되어 있고 마지막으로 버튼 자체를 단순 링크 형태로 변경해 주는 .btn-link 순으로 배열되어 있습니다.

    버튼 또한 크기를 조절할 수 있습니다. 눈치 빠른 독자는 크기를 어떻게 조절하는지 알 수도 있을 것입니다. .btn 클래스 선택자에 .btn-lg를 추가하면 큰 버튼을, .btn-sm 을 추가하면 작은 버튼을, .btn-xs을 추가하면 아주 작은 버튼을 만들 수 있습니다.

    또한 버튼은 전체화면 크기에 맞는 블록 레벨의 버튼이 필요한 경우도 있습니다. 블록 레벨 크기의 버튼을 만들기 위해서는 버튼의 속성에 .btn-block이라는 클래스 선택자를 추가하면 됩니다. 블록 레벨의 버튼은 로그인 화면과 같이 모달 윈도우를 이용한 화면에서 자주 사용됩니다.

[그림 2-62] 버튼에 사이즈에 맞는 클래스 선택자를 추가하면 버튼의 크기를 정해줄 수 있다.
example/ch02/button.html

[그림 2-62]에서는 버튼에 class="btn btn-primary"를 적용한 그림이 앞쪽에, "btn btn-default"를 이용한 버튼이 뒤쪽에 배치되어 있으며, 버튼의 크기에 따라 추가적인 속성이 적용되어 있습니다.

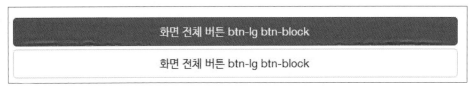

[그림 2-63] 블록 레벨의 버튼 example/ch02/button.html

[그림 2-63]에서 블록 레벨의 버튼은 class="btn btn-primary btn-lg btn-block"과 같이 btn-block을 적용해 주면 됩니다.

버튼 또한 폼과 같이 비활성화 상태로 만들 수 있는데 disabled="disabled" 속성을 추가하면 버튼이 더 이상 작동하지 않습니다.

[그림 2-64] 버튼에 disabled 속성 적용 example/ch02/button.html

[그림 2-64]에서는 버튼 태그에 disabled="disabled" 속성을 적용하여 버튼이 작동 불가능하게 처리했으며, 그림에서는 순서대로 button 태그와 input 태그 그리고 마지막으로 a 태그를 사용했습니다. 따라서 button, a, input type="button" 또는 input type="submit"을 이용하면 다양한 버튼을 만들 수 있습니다.

부트스트랩에서는 이미지에 효과를 주기 위한 3가지 클래스 선택자가 있습니다. 먼저 둥근 모서리를 만들어 주는 .img-round, 정사각형 이미지를 원형으로 만들어 주는 .img-circle 그리고 썸네일 이미지를 만들어 주는 .img-thumbnail 이렇게 3가지 클래스 선택자가 있습니다. 실제 이미지에 적용하면 어떻게 되는지 살펴보겠습니다.

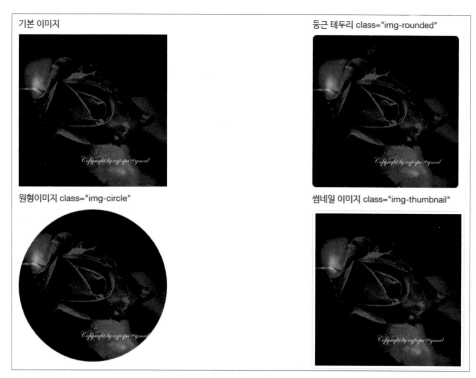

[그림 2-65] 이미지 효과를 위한 3가지 클래스 example/ch02/image.html

[그림 2-65]의 상단 좌측부터 보면 기본 이미지는 `img` 태그에 어떠한 클래스 선택자도 적용하지 않은 상태입니다. 우측 그림은 `<img src="rose.jpg" alt="장미" class="img-rounded">`와 같이 `img-rounded`라는 선택자를 적용했고 우측 하단은 `img-thumbnail`을 적용했는데, 이미지에 테두리가 있는 것을 확인할 수 있습니다. 그리고 좌측 하단은 `img-circle`을 적용한 상태입니다(정사각형 이미지에 한해서 원형 이미지로 처리되며, 직사각형 이미지일 경우 타원형 이미지가 됩니다).

이미지 또한 반응형으로 작동하게 되는데 `img` 태그에 `img-responsive`를 적용해 주면 됩니다. [그림 2-66]을 보면 [그림 2-65]와 비교해서 이미지의 크기가 큰 것을 확인할 수 있는데, 브라우저의 크기를 줄이면 기본 이미지를 제외하고는 모든 이미지의 크기가 작아지는 것을 확인할 수 있을 것입니다.

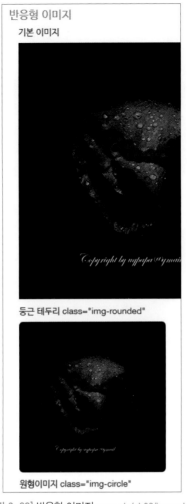

[그림 2-66] 반응형 이미지 example/ch02/image.html

[그림 2-66]에서 상단 이미지에는 클래스 선택자가 전혀 적용되지 않았지만 하단 이미지에는 img-rounded 이외에 img-responsive가 적용되어 있습니다. 따라서 브라우저의 크기를 줄이면 그에 맞춰 이미지의 크기도 변하게 됩니다.

부트스트랩에서는 지금까지 학습한 CSS 이외에도 웹사이트 레이아웃을 디자인하기 위한 여러 가지 헬퍼helper 클래스들이 존재합니다.

모달 윈도우 또는 경고 창이 뜰 경우 그 창을 닫는 역할을 하는 윈도우 닫기 버튼을 영문자 X를 이용해서 처리합니다. 다음과 같이 소스를 처리해 주면 됩니다.

```
<button type="button" class="close" aria-hidden="true">×</button>
```

[그림 2-67] 영문자 X를 이용해서 윈도우 닫기 버튼 만들기 example/ch02/etc.html

pull-right을 이용해서 박스모델을 오른쪽으로, pull-left를 이용해서 박스모델을 왼쪽으로 정렬해 줄 수 있습니다.

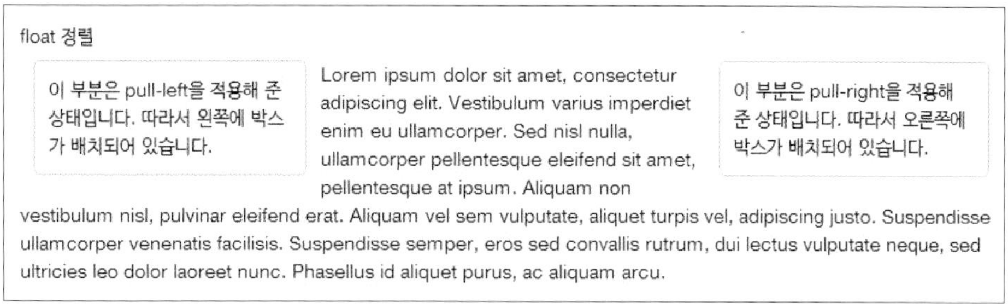

---

float 정렬

이 부분은 pull-left을 적용해 준 상태입니다. 따라서 왼쪽에 박스가 배치되어 있습니다.

Lorem ipsum dolor sit amet, consectetur adipiscing elit. Vestibulum varius imperdiet enim eu ullamcorper. Sed nisl nulla, ullamcorper pellentesque eleifend sit amet, pellentesque at ipsum. Aliquam non

이 부분은 pull-right을 적용해 준 상태입니다. 따라서 오른쪽에 박스가 배치되어 있습니다.

vestibulum nisl, pulvinar eleifend erat. Aliquam vel sem vulputate, aliquet turpis vel, adipiscing justo. Suspendisse ullamcorper venenatis facilisis. Suspendisse semper, eros sed convallis rutrum, dui lectus vulputate neque, sed ultricies leo dolor laoreet nunc. Phasellus id aliquet purus, ac aliquam arcu.

[그림 2-68] .pull-right와 .pull-left를 이용해서 박스모델을 정렬해 줄 수 있음 example/ch02/etc.html

---

주의

내비게이션 바에서는 메뉴들을 정렬할 때는 .pull-right와 .pull-left를 사용하면 안 되고, .navbar-right 또는 .navbar-left를 이용해 정렬해야 합니다. 자세한 내용은 컴포넌트 부분의 내비게이션 부분에서 다시 언급하도록 하겠습니다.

[그림 2-68]에서와 같이 .pull-right와 .pull-left와 같이 float 속성을 이용해서 레이아웃을 잡을 때, 경우에 따라선 float 된 부분을 해제clear할 필요가 있습니다. 이 경우 .clearfix 속성을 이용하면 겹쳐져 있는 박스 모델을 해제하게 됩니다.

[그림 2-68]을 보면 박스 모델 사이에도 텍스트가 삽입되어 있는데, 박스 모델 다음에 `<div class="clearfix"></div>`을 적용해 주면 [그림 2-69]와 같이 텍스트 부분이 박스모델 사이에 있지 않고, 박스모델 다음으로 정렬하게 됩니다.

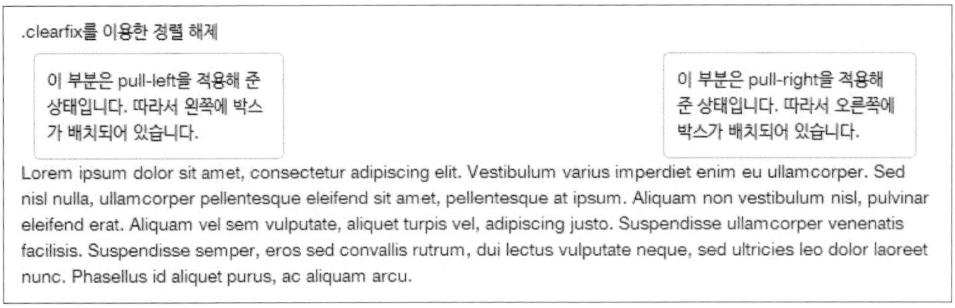
.clearfix를 이용한 정렬 해제
이 부분은 pull-left을 적용해 준 상태입니다. 따라서 왼쪽에 박스가 배치되어 있습니다.
이 부분은 pull-right을 적용해 준 상태입니다. 따라서 오른쪽에 박스가 배치되어 있습니다.
Lorem ipsum dolor sit amet, consectetur adipiscing elit. Vestibulum varius imperdiet enim eu ullamcorper. Sed nisl nulla, ullamcorper pellentesque eleifend sit amet, pellentesque at ipsum. Aliquam non vestibulum nisl, pulvinar eleifend erat. Aliquam vel sem vulputate, aliquet turpis vel, adipiscing justo. Suspendisse ullamcorper venenatis facilisis. Suspendisse semper, eros sed convallis rutrum, dui lectus vulputate neque, sed ultricies leo dolor laoreet nunc. Phasellus id aliquet purus, ac aliquam arcu.

[그림 2-69] `.clearfix`를 적용해서 박스모델 사이에 있는 텍스트를 해제해 준 결과 example/ch02/etc.html

부트스트랩의 CSS 속성 중에는 `.show`와 `.hide`란 클래스 선택자가 있는데, 이 속성은 말 그대로 콘텐츠를 보여주거나 숨기는 데 사용됩니다. 사용법은 `<div class="show">`와 같이 HTML 태그에 클래스 선택자를 적용해 주면 됩니다.

폼에 관한 학습을 하면서 앞의 [그림 2-47]에서와 같이 `sr-only` 속성 또한 모든 콘텐츠에 적용해 줄 수 있습니다.

헬퍼클래스에서는 텍스트 요소는 감추고 배경 이미지로 대체하는 방법이 있습니다. `.text-hide`란 클래스 선택자를 적용해 주면 해당 텍스트는 감춰지며, 그 부분에 배경이미지를 이용해서 처리할 수 있습니다. 특히 이 선택자는 웹사이트에서 사이트 로고와 같은 곳에 사용됩니다(5장 예제 참조).

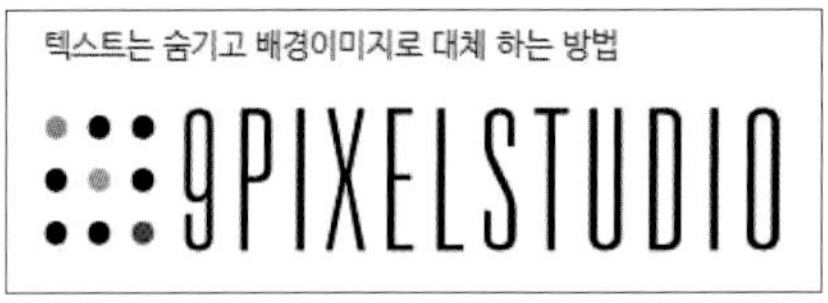
텍스트는 숨기고 배경이미지로 대체 하는 방법
9PIXELSTUDIO

[그림 2-70] 텍스트를 숨기고 배경이미지로 대체하는 예 example/ch02/etc.html

[그림 2-70]은 배경이미지를 이용해서 로고 처리를 했지만, 소스는 `<h1 class="text-hide logo">9pixelstudio</h1>`와 같이 텍스트로 되어 있습니다. 따라서 스크린리더 또는 이미지가 없어도 로고가 있는 부분에 어떤 내용이 들어가 있는지 알 수 있습니다.

부트스트랩에서는 블록 요소와 테이블 태그에서만 사용 가능한 반응형 유틸리티가 있습니다. 반응형 유틸리티는 해상도가 다른 기기에서 특정 요소들을 감추거나 보여줄 수 있습니다. 또한 모니터에서만 보여주고 감추는 기능뿐만 아니라 프린터에서도 출력이 필요 없는 부분은 프린터로 출력하더라도 출력되지 않게 처리할 수 있습니다.

[표 2-5]를 보면 사용하는 기기의 해상도에 따라 요소들을 감추거나 보여줄 수 있게 하는 클래스 선택자들이 있습니다. 각 클래스 선택자들은 단독 또는 다른 클래스 선택자들과 같이 사용할 수 있습니다.

[표 2-5] 모니터 화면에서 적용 가능한 반응형 유틸리티

	모바일폰 (<768px)	태블릿 (≥768px)	데스크탑 (≥992px)	데스크탑 (≥1200px)
.visible-xs	보임	숨겨짐	숨겨짐	숨겨짐
.visible-sm	숨겨짐	보임	숨겨짐	숨겨짐
.visible-md	숨겨짐	숨겨짐	보임	숨겨짐
.visible-lg	숨겨짐	숨겨짐	숨겨짐	보임
.hidden-xs	숨겨짐	보임	보임	보임
.hidden-sm	보임	숨겨짐	보임	보임
.hidden-md	보임	보임	숨겨짐	보임
.hidden-lg	보임	보임	보임	숨겨짐

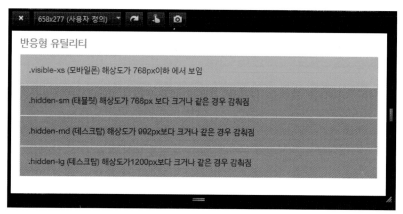

[그림 2-71] 화면 해상도가 768픽셀 이하에서는 .visible-xs 부분과 .hidden-sm, .hidden-md, .hidden-lg 부분만 화면에서 보임 example/ch02/responsiveutil.html

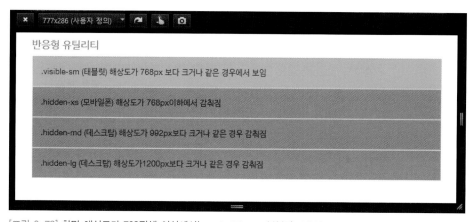

[그림 2-72] 화면 해상도가 768픽셀 이상에서는 .visible-sm 부분과 .hidden-xs, .hidden-md, .hidden-lg 부분만 보임 example/ch02/responsiveutil.html

실제 샘플을 가지고 여러분들이 브라우저의 해상도를 줄이고 늘려 보면 해당 속성을 적용한 부분만 보이는 것을 확인할 수 있습니다. 직접 실행해 보기 바랍니다.

프린터에서도 화면에서와 동일한 방식으로 해당 클래스를 적용해 줌으로써, 출력할 부분과 출력하지 말아야 할 부분을 지정해 줄 수 있습니다. [표 2-6]을 보면 해당 클래스 선택자를 확인할 수 있습니다.

[표 2-6] 프린트용 반응형 유틸리티 example/ch02/responsiveutil.html

클래스	브라우저	프린트
.visible-print	숨겨짐	보임
.hidden-print	보임	숨겨짐

정리하며

여기까지 부트스트랩에서 사용하는 CSS에 대해서 학습을 했습니다. 실제 부트스트랩 웹 사이트에 있는 내용을 기반으로 설명하였지만, 부트스트랩 사이트에 있는 내용보다 좀더 자세하고 모든 예제들을 실행해서 결과물을 알 수 있게끔 구성하였습니다. 부트스트랩 에서 사용되는 CSS는 지금까지 설명한 내용보단 훨씬 많은 내용이 있지만, 다른 부분은 CSS 단독으로 사용되는 속성이 아닌 자바스크립트와 연동되어 작동되는 부분이며, 다음 에 다룰 컴포넌트와 자바스크립트 부분에서 좀 더 자세하게 배울 수 있습니다.

부트스트랩에서 사용된 CSS만 가지고도 사이트를 제작할 때 엄청난 시간을 절약할 수 있으며, 아주 빠르게 반응형 웹사이트를 만들 수 있습니다. 따라서 기존에 HTML5와 CSS3에 대한 기초 지식이 있는 디자이너와 개발자들은 부트스트랩을 이용하게 되면 웹 사이트를 훨씬 빠르고 간편하게 제작할 수 있을 것입니다.

여기까지 학습한 내용 중 부트스트랩을 이용하면서 가장 중요하고 많이 사용되는 CSS는 그리드 시스템입니다. 이 부분은 실제 예제에서도 많이 나오기 때문에 이해가 안 되면 반복 학습을 통해 반드시 익혀두시기 바랍니다.

예제로 배우는 컴포넌트

3장은 2장에서 배운 부트스트랩의 CSS를 기반으로 구성된 컴포넌트에 대해서 학습해 보겠습니다. 부트스트랩 웹사이트에는 20개의 컴포넌트에 대해 설명되어 있습니다. 우리는 이들을 어떻게 응용하여 사용할 수 있는지 알아보겠습니다. 사용법은 부트스트랩 웹사이트에 나온 내용을 기반으로 약간 변형하여 독자가 최대한 쉽게 사용할 수 있게끔 설명하였습니다.

컴포넌트는 재사용할 수 있기 때문에 한번 만들어 놓은 컴포넌트를 잘 정리해 두면 부트스트랩을 이용해서 웹사이트를 제작할 때 편리하게 사용할 수 있습니다. 특히 부트스트랩은 아이콘을 그래픽 이미지로 처리하지 않고 Glyphicons라는 특수문자 전용 글꼴로 처리하기 때문에 웹사이트를 만들 때 사진 이미지를 빼고는 거의 전부 태그와 CSS만으로 제작할 수 있습니다.

3.1 특수문자 전용 글꼴 처리: Glyphicons

부트스트랩은 glyphicons-halflings-regular라는 특수문자를 이용해서 아이콘을 처리합니다. 해당 특수문자에는 180개의 아이콘이 포함되어 있는데, 사용법이 매우 쉽고 포토샵과 같은 소프트웨어 없이 아이콘을 만들고 크기를 조절할 수 있어 아주 매력적입니다. glyphicons-halflings란 글꼴은 무료가 아니지만, 제작자가 부트스트랩을 위해 무료로 사용할 수 있게 해주었습니다. 참고로 glyphicons-halflings는 bold, regular, italic이 있습니다. 만약 웹사이트에 Glyphicons를 이용해서 아이콘을 만들어 사용한다면 해당 사이트(http://glyphicons.com/)에 대한 감사의 표시로 링크 하나는 걸어주면 좋겠습니다. 2부에서는 부트스트랩에서 제공되는 특수문자보다 더 풍부한 아이콘이 제공되는 글꼴에 관해서 소개되며 사용법을 알려드립니다.

사용법은 간단합니다. 원하는 아이콘이 있는 경우, <span></span> 태그를 이용해서 적용해 주면 됩니다. 단 <span></span> 이후에 스페이스 한칸을 넣어주고 사용하면 됩니다. 다음과 같이 적용하면 전화 아이콘과 전화번호를 적용해 줄 수 있습니다.

```
<span class="glyphicon glyphicon-phone-alt"></span> 123-4567-8912
```

☎ 123-4567-8912

example/ch03/glyphicons-sample.html

페이스북에서 많이 보이는 좋아요 버튼도 적용할 수 있습니다.

```
<button type="button" class="btn btn-default">
<span class="glyphicon glyphicon-thumbs-up"></span> 좋아요
</button>
```

👍 좋아요

example/ch03/glyphicons-sample.html

이미지를 전혀 사용하지 않고도 다양한 아이콘을 만들 수 있는 것이 부트스트랩만의 장점이라고 할 수 있습니다. 책에서는 example/ch03/glyphicons.html에 따로 해당 아이콘들을 분류해서 모아두었습니다. 또한 부트스트랩 사이트에서는 모든 아이콘 이름 앞에 클래스 선택자를 나타내는 .(점)이 있는데, 사용의 편의를 위해서 전부 제거했습니다.

따라서 해당 아이콘을 사용하고 싶다면 [그림 3-1]과 같이 해당 아이콘 이름을 마우스를 이용해서 드래그한 후 복사하고 span class="이곳에 붙여넣기"를 하면 됩니다.

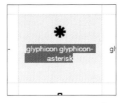

[그림 3-1] Glyphicons를 쉽게 사용하기 위해 해당 아이콘의 이름을 드래그해서 복사한 후 span에 클래스 선택자로 적용해 주면 된다.

버튼그룹에 대해서 지금은 학습하지 않았지만, 이런 아이콘들을 하나의 버튼그룹으로 묶어주면 [그림 3-2]와 같이 사용할 수도 있습니다.

[그림 3-2] 버튼그룹으로 아이콘을 버튼으로 만든 후 그룹으로 묶은 상태 example/ch03/glyphicons-sample.html

Glyphicons는 텍스트이기 때문에 색 또한 지정할 수 있습니다. 색상과 관련된 클래스 선택자를 CSS 파일에 만들거나 해당 HTML 문서의 style 부분에 지정해 주고, 색상을 적용하면 됩니다. [그림 3-3]의 예제 파일을 참조하세요.

[그림 3-3] Glyphicons는 기본적으로 글꼴이기 때문에 다양한 색상을 적용해 줄 수 있다. glyphicons-sample.html

3.2 드롭다운

드롭다운은 메뉴를 눌렀을 때 하단으로 펼쳐지는 것을 말하며, 단독으로 사용할 수 없고 부트스트랩에 포함된 자바스크립트와 jQuery가 같이 있어야 동작합니다. 일반적으로 드롭다운 부분은 (ul과 li로 구성된) 리스트 태그에 적용합니다. 간단하게 소스코드를 살펴보면 [예제 3-1]과 같습니다.

[예제 3-1] 드롭다운 메뉴의 기본 코드 형태

```
<div class="dropdown">
<a data-toggle="dropdown" href="#">여기를 클릭하세요.</a>
<ul class="dropdown-menu" role="menu">
```

```
    <li role="presentation"><a role="menuitem" tabindex="-1" href="#">메뉴 1</a></li>
    <li role="presentation"><a role="menuitem" tabindex="-1" href="#">메뉴 2</a></li>
    <li role="presentation"><a role="menuitem" tabindex="-1" href="#">메뉴 3</a></li>
    <li role="presentation" class="divider"></li>
    <li role="presentation"><a role="menuitem" tabindex="-1" href="#">분리된 메뉴</a></li>
  </ul>
  </div>
```

[예제 3-1]에서 가장 중요한 부분이 ul class="dropdown-menu" 부분입니다. 사실
dropdown-menu라는 클래스 선택자 속성에는 display:none;이란 부분이 있어 기본적으
로 보이지 않습니다. 또한 HTML 태그 내에 data-toggle="dropdown"이란 부분이 있어
야만 작동합니다. data-toggle="dropdown"은 마크업 API라고 하며, a 태그뿐만 아니라
button 태그 및 input 태그 등에도 적용할 수 있습니다.

드롭다운 내부의 메뉴들을 분리하기 위해선 <li class="divider"></li>를 이용하면
분리선이 생성됩니다. [그림 3-4]에서 분리된 메뉴 상단에 구분선이 보이는 것을 알 수
있습니다.

[그림 3-4] 기본적인 드롭다운 메뉴 example/ch03/dropdown.html

[예제 3-1]에서 role과 tabindex라는 태그가 보이는데, role이 어떤 역할을 하는지에 대해서는 2장에
서 학습한 적이 있습니다. 여기선 tabindex라는 태그가 어떤 역할을 하는지 알아보겠습니다.

웹사이트는 기본적으로 브라우저를 이용해서 화면에 보여지는데, 주로 마우스를 이용해서 메뉴 또는 링
크를 클릭하거나, input 부분에 값을 입력합니다. 하지만 키보드의 tab 키를 이용해도 메뉴간 이동이 가
능합니다. 예를 들어 [그림 3-5]와 같이 tabindex를 구성했다면 브라우저 화면 상에서 tab 키를 눌러보
면 tabindex를 구성한 순서대로 tab 키가 작동하는 것을 확인할 수 있습니다.

[그림 3-5] tabindex를 이용한 tab 키의 작동 순서 정렬 example/ch03/tabindex.html

[예제 3-1]에서는 tabindex="-1"을 적용했는데 -1 값을 적용한 이유는 드롭 다운 메뉴의 서브메뉴이기 때문입니다. 만약 해당 코드에 tabindex="-1"을 적용하지 않게 되면, 드롭다운 메뉴가 펼쳐지고 난 후, 다시 tab 키를 누르면 서브메뉴가 선택됩니다. 서브메뉴 부분이 tab 키 적용을 받지 않게 하기 위해서 tabindex="-1"이란 값을 넣어준 것입니다.

드롭다운 메뉴를 pull-right을 이용해서 오른쪽으로 이동해 줄 수도 있습니다. dropdown-menu 클래스가 적용된 부분에 추가적으로 pull-right를 적용해 주면 됩니다. [그림 3-6]에서 결과를 확인할 수 있습니다.

pull-right를 이용한 우측 정렬
여기를 클릭하세요.

메뉴 1
메뉴 2
메뉴 3

분리된 메뉴

[그림 3-6] pull-right를 적용해 준 결과 example/ch03/dropdown.html

드롭다운의 서브메뉴는 li 태그가 적용되어 있는데 이 부분에 class="dropdown-header"를 추가해 줌으로써 각 서브메뉴에 헤더를 추가해 줄 수 있습니다. 물론 헤더가 적용되는 부분에는 a 태그를 제거해 줘야 합니다. [그림 3-7]을 보면 메뉴 1~3 부분과 분리된 메뉴 부분에 각각의 헤더가 적용되어 있는데, 서브메뉴가 다양한 역할을 하는 10여 개 이상으로 구성되어 있다면, 사용자들에게 해당 서브메뉴 별로 구분해줘서 마치 사이트 맵과 같은 역할을 해 줄 수 있습니다. 일반적으로 대부분의 웹사이트에서는 많이 사용되지 않지만, 반드시 필요한 경우도 있기 때문에 부트스트랩에서도 이런 기능을 하는 헤더를 추가해 준 것입니다.

2장의 폼 부분에서도 언급한 적이 있지만, 드롭다운 메뉴에서도 disabled 속성을 추가해 주면, 해당 메뉴를 사용할 수 없게 됩니다. 적용 방법은 li 부분에 클래스 선택자로 disabled 속성을 적용해 주면 됩니다.

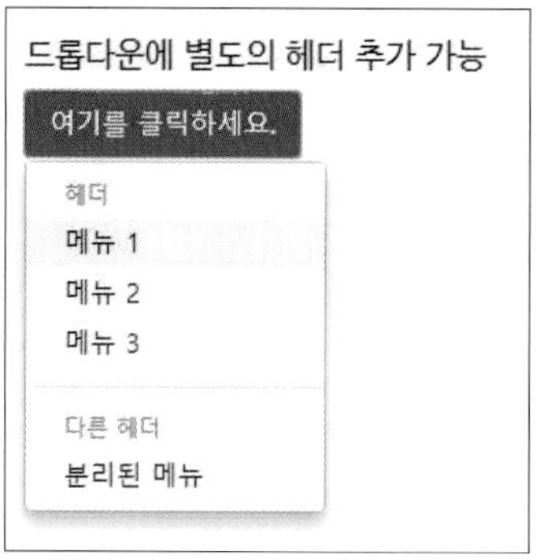

[그림 3-7] 드롭다운에 헤더를 추가해줌으로써 서브메뉴가 어떤 내용인지 알려줄 수 있다.
example/ch03/dropdown.html

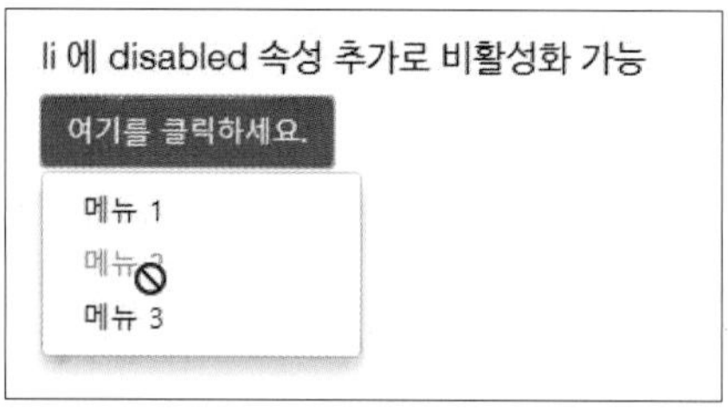

[그림 3-8] disabled 속성이 적용되면 해당 메뉴는 클릭할 수 없다. example/ch03/dropdown.html

3.3 버튼그룹

2장에서 버튼과 관련된 내용을 학습했는데, 버튼들을 .btn-group이라는 클래스 선택자를 이용해서 그룹화할 수 있습니다. [그림 3-9]를 보면 상단에 있는 그림은 일반적인 버튼의 모습이고, 하단에 있는 그림은 상단에 있는 버튼들을 <div class="btn-group">...</div>을 이용해서 묶은 후의 모습입니다. 버튼그룹으로 묶을 경우 개별 버튼에 있었던 둥근 테두리가 그룹으로 묶인 후에는 그룹 하나에만 적용되어 훨씬 디자인적으로 보기 좋게 변경된 것을 알 수 있습니다.

버튼그룹들은 툴바 형태로 묶을 수도 있습니다. 버튼그룹과 버튼그룹을 <div class="btn-toolbar">을 이용해서 묶으면 마치 툴바와 같은 형식으로 변경됩니다. 버튼그룹을 이용하면 버튼들의 크기를 일괄 조절할 수 있습니다. btn-group 선택자에 추가적으로 btn-group-lg를 더하면 큰 버튼으로 변경됩니다. 크기를 조절하는 방법은 2장에서부터 계속 나왔는데 패턴이 거의 동일합니다. -lg는 "큰", -sm은 "작은", -xs는 "아주 작은", 아무것도 붙이지 않으면 기본 크기를 나타냅니다.

[그림 3-9] 일반적인 버튼의 모습(상) 버튼그룹을 이용해서 묶은 후 모습(하) example/ch03/buttongrp.html

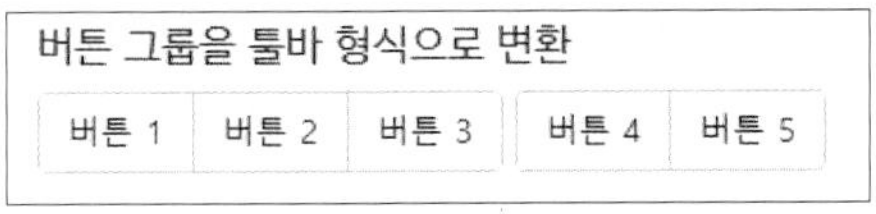

[그림 3-10] 버튼그룹을 btn-toolbar 선택자를 이용해서 툴바 형식으로 변환 example/ch03/buttongrp.html

[그림 3-11] btn-group에 각각 크기를 조절하는 선택자를 추가해 줌으로써 크기를 변경해 줄 수 있다.
example/ch03/buttongrp.html

버튼그룹 내부에 드롭다운 메뉴가 있을 경우에는 btn-group 내부에 또 다른 btn-group을 추가하면 됩니다. 그냥 추가만 하면 버튼그룹의 마지막에 있는 드롭다운 메뉴가 둥근 모서리로 되질 않습니다. 반드시 드롭다운이 적용되는 버튼에 dropdown-toggle이라는 선택자도 추가해 줘야 드롭다운이 되는 부분도 둥근 모서리를 가지게 됩니다.

[그림 3-12] 단순히 btn-group 내부에 다시 btn-group만 넣으면 드롭다운 버튼 부분은 사각형 모양으로 되고(왼쪽 이미지) 드롭다운이 적용된 버튼에 반드시 dropdown-toggle이라는 클래스 선택자를 추가해 줘야 원하는 버튼 이미지를 얻을 수 있음 example/ch03/buttongrp.html

btn-group이라는 클래스 선택자를 btn-group-vertical로 변경하게 되면 버튼이 수직으로 변형됩니다.

[그림 3-13] btn-group이라는 클래스 선택자를 btn-group-vertical로 변경하면 버튼그룹이 수직으로 정렬된다.
example/ch03/buttongrp.html

　　a 태그 즉 링크 태그에 한해서만 양쪽 정렬이 가능합니다. [그림 3-14]를 보면 상단은 a 태그를 사용한 버튼이고 하단은 button 태그를 사용했는데, a 태그에 한해서만 양쪽 정렬이 된 것을 알 수 있습니다. 양쪽 정렬은 btn-group 선택자에 btn-group-justified 를 추가하면 됩니다.

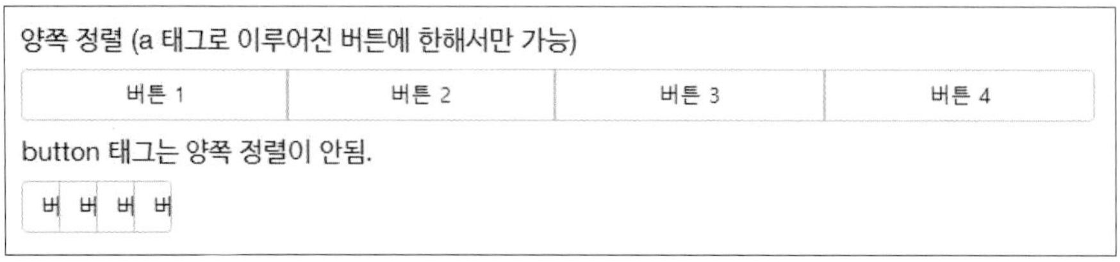

양쪽 정렬 (a 태그로 이루어진 버튼에 한해서만 가능)			
버튼 1	버튼 2	버튼 3	버튼 4

button 태그는 양쪽 정렬이 안됨.

버 버 버 버

[그림 3-14] a 태그에 한해서 양쪽 정렬이 가능함 example/ch03/buttongrp.html

3.4 버튼 드롭다운

버튼 드롭다운은 드롭다운 컴포넌트와 CSS 버튼 속성을 결합한 것입니다. 버튼그룹에서도 버튼 드롭다운에 대해서 간단하게 언급을 했는데, 사용법은 지금까지 학습한 내용 중에 다 들어가 있습니다. [그림 3-12]에서도 설명을 했는데, 버튼 드롭다운을 위해서는 dropdown-toggle이라는 클래스 선택자를 btn 클래스 선택자가 적용된 부분에 같이 적용을 해주면 됩니다. dropdown-toggle을 적용하지 않으면 [그림 3-12]와 같이 버튼이 둥근 모서리가 적용되지 않습니다.

[그림 3-15] 버튼1은 dropdown-toggle이 적용되었으며, 버튼2는 적용되지 않음. 클릭이라는 버튼에는 btn-primary라는 색상이 적용됨 example/ch03/buttondropdown.html

　　[그림 3-15]를 보면 버튼이라고 쓴 텍스트와 caret(역삼각형)이라는 클래스 선택자가 같이 들어가 있는데, 이 부분에서 caret 부분을 누르면 드롭다운이 작동됩니다. 방법

은 버튼을 두개로 분리해서 caret이 있는 부분만 드롭다운이 되게 처리하는 것입니다. 소스를 보면 쉽게 이해할 수 있습니다.

[그림 3-16] caret 부분을 눌렀을 때만 드롭다운이 적용된다. example/ch03/buttondropdown.html

버튼 드롭다운 또한 크기 조절이 가능합니다. 다만 분할된 버튼 드롭다운의 경우 버튼이 두개이기 때문에 두 버튼에 모든 크기를 조절하는 클래스 선택자를 적용해 줘야 합니다.

[그림 3-17] 버튼 드롭다운도 크기 조절이 되는데, 분할된 버튼의 경우 각 버튼에 크기를 조절하는 클래스 선택자를 적용해 줘야 한다. example/ch03/buttondropdown.html

드롭다운 버튼은 경우에 따라서 드롭업 버튼으로 변경해줘야 합니다. 브라우저의 하단에 버튼이 위치하게 될 경우 드롭다운이 아니라 드롭업으로 처리해주는 것이 좋습니다.

드롭업은 드롭다운이 적용된 btn-group에 dropup을 추가해 주면 됩니다.

[그림 3-18] 버튼 1에는 dropup을 적용해 줬고, 버튼2에는 dropup을 적용하지 않음
example/ch03/buttondropdown.html

3.5 입력그룹

입력그룹은 폼에서 가장 많이 사용하는 input을 확장하는 기능을 담당합니다. input 태그가 위치한 곳 앞 또는 뒤쪽에 <span class="input-group-addon">...</span>을 추가하고, <div class="input-group">을 이용하여 감싸면 됩니다.

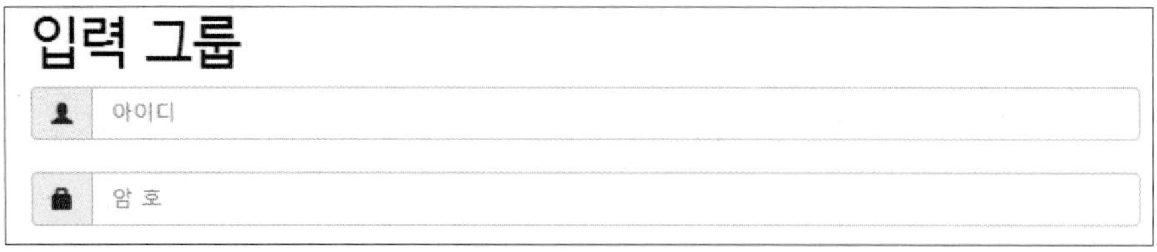

[그림 3-19] input-group을 이용해서 input 기능을 확장 시킨 예 example/ch03/inputgroup.html

[그림 3-19]의 상단 아이디 부분의 소스 파일은 다음과 같습니다.

```
<div class="input-group">
  <span class="input-group-addon">
    <span class="glyphicon glyphicon-user"></span>
  </span>
  <input type="text" class="form-control" placeholder="아이디">
</div>
```

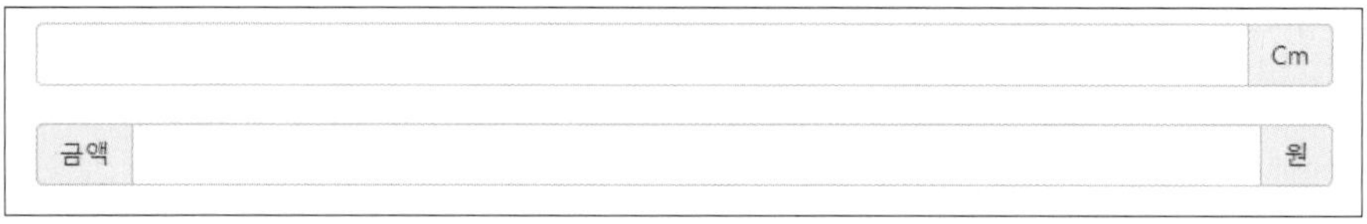

[그림 3-20] input-group-addon은 input 뒤에 위치하거나 앞뒤로 위치해 줄 수 있습니다.
example/ch03/inputgroup.html

입력그룹의 크기 조절은 input-group 클래스 선택자 부분에 input-group-lg와 같이 크기를 조절하는 선택자를 추가해 주면 됩니다. 입력그룹의 크기도 input-group-lg는 large를 의미하며, 기본값은 아무것도 추가하지 않고 크기를 작게 하기 위해선 input-group-sm을 추가하면 됩니다.

입력 그룹 크기조절
Cm
Cm
Cm

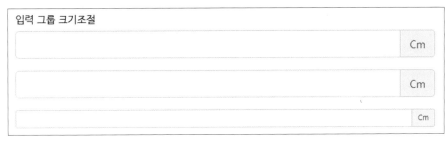

[그림 3-21] input-group의 크기는 input-group input-group-lg를 함께 사용하면 큰 입력그룹을, input-group만 사용하면 기본 크기를, input-group input-group-sm을 사용하면 작은 입력그룹을 만들 수 있다.
example/ch03/inputgroup.html

입력그룹의 애드온 부분에는 문자 대신에 체크박스나 라디오 버튼을 추가할 수도 있고, 버튼 및 버튼 드롭다운을 추가해 줄 수도 있습니다. 체크박스와 라디오 버튼은 input-group-addon 부분에 추가해 주면 되지만, 버튼 및 버튼 드롭다운은 input-group-addon이 아닌 input-group-btn으로 변경한 후 추가해 줘야 합니다.

입력 그룹 체크 박스 또는 라디오 버튼 추가

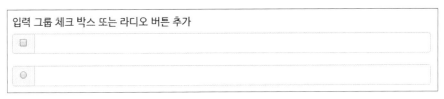

[그림 3-22] input-group-addon을 사용하여 입력그룹 체크박스 또는 라디오 버튼을 추가해 줄 수 있다.
example/ch03/inputgroup.html

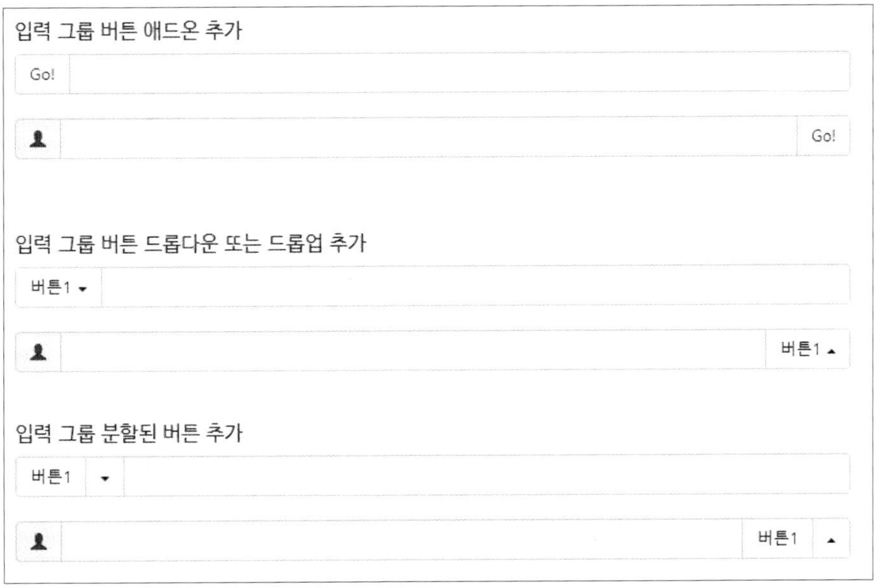
입력 그룹 버튼 애드온 추가
Go!
Go!
입력 그룹 버튼 드롭다운 또는 드롭업 추가
버튼1
버튼1
입력 그룹 분할된 버튼 추가
버튼1
버튼1

[그림 3-23] 입력그룹에는 버튼과 버튼 드롭다운 등을 추가해 줄 수도 있는데, 버튼을 추가할 때는 input-group-addon 부분을 input-group-btn으로 변경하고 버튼과 관련된 태그를 추가해 주면 된다.
example/ch03/inputgroup.html

3.6 내비게이션

부트스트랩에서는 내비게이션과 내비게이션 바 이렇게 두 가지의 내비게이션 기능이 있습니다. 내비게이션은 .nav라는 클래스 선택자를 이용하며, 내비게이션 바는 .nav-bar라는 클래스 선택자를 이용합니다. 내비게이션은 문서 내부 또는 메인 메뉴 또는 서브 메뉴를 만들 때 사용되며, 내비게이션 바는 주로 메인 메뉴를 만들 때 사용됩니다. 내비게이션은 탭형과 알약pill형으로 나뉘는데, 탭형과 알약형의 차이는 디자인의 차이 이외에는 없습니다. 탭형은 <ul class="nav nav-tabs">와 같이 사용되며, 알약형은 <ul class="nav nav-pills">와 같이 사용됩니다.

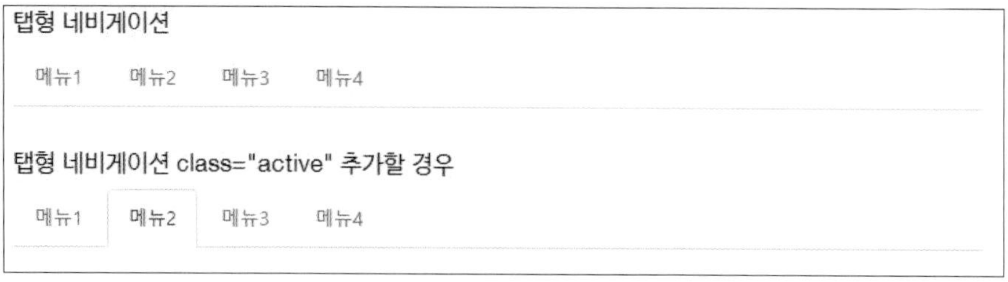

[그림 3-24] 탭형 내비게이션의 모습 example/ch03/navigation.html

상단은 li 태그에 class="active"가 적용되지 않은 모습이고, 하단은 메뉴2가 있는 곳에 li class="active"가 적용된 상태로 탭형 내비게이션은 메뉴 하단에 선이 있습니다.

[그림 3-25] 알약형 내비게이션 example/ch03/navigation.html

탭형과는 달리 하단에 선이 없는데, active 상태에서의 메뉴 모양이 알약과 같은 형태라고 해서 알약형이라고 합니다. 탭형과는 달리 알약형은 수직으로도 정렬을 할 수 있습니다.

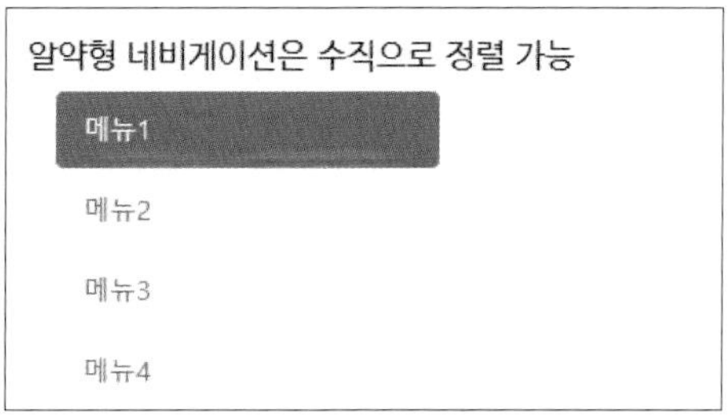
알약형 네비게이션은 수직으로 정렬 가능
메뉴1
메뉴2
메뉴3
메뉴4

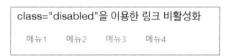

[그림 3-26] 알약형은 nav-pills 부분에 nav-stacked를 적용해 주면 그림에서와 같이 수직형으로 변경할 수 있다. example/ch03/navigation.html

탭형과 알약형은 nav-tabs와 nav-pills 다음에 nav-justified 클래스 선택자를 추가해 주면 양쪽 정렬된 내비게이션을 만들 수 있습니다.

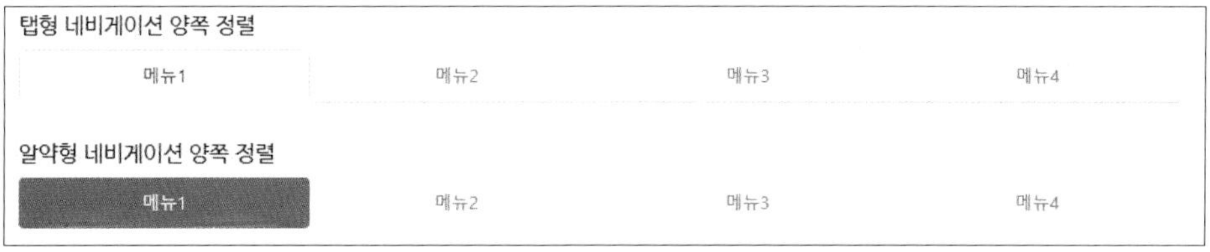
탭형 네비게이션 양쪽 정렬
메뉴1
메뉴2
메뉴3
메뉴4
알약형 네비게이션 양쪽 정렬
메뉴1
메뉴2
메뉴3
메뉴4

[그림 3-27] nav-justified 클래스 선택자를 적용해 주면 nav 부분의 넓이가 100%로 적용된다. example/ch03/navigation.html

내비게이션 내부에 있는 메뉴의 li 부분에 disabled라는 클래스 선택자를 적용해 주면 메뉴가 비활성화됩니다.

class="disabled"을 이용한 링크 비활성화
메뉴1
메뉴2
메뉴3
메뉴4

[그림 3-28] li class="disabled"를 적용해 주면 해당 메뉴는 비활성화되며, 클릭도 안 되지만 메뉴의 색도 변한다. example/ch03/navigation.html

내비게이션 부분에도 드롭다운을 적용해 줄 수 있는데, 기본 드롭다운은 <div class="dropdown">을 적용했지만, 내비게이션에 드롭다운을 적용하려면 <div class="dropdown">은 <li class="dropdown">로 변경되어야 합니다.

```
<li>
  <div class="dropdown"><!--드롭다운 부분 -->
  <a data-toggle="dropdown" href="#">여기 클릭 <span class="caret"></span></a>
  ...
  </div>
</li>
```

위와 같이 코드를 적용하면 안 되고,

```
<li class="dropdown">
  <div class="dropdown">
    <a data-toggle="dropdown" href="#">여기 클릭 <span class="caret"></span></a>
    ...
  </div>
</li>
```

위와 같이 li 태그에 dropdown 클래스 선택자를 적용해 줘야만 제대로 작동하게 됩니다.

드롭다운은 탭형과 알약형 동일한 방법으로 적용합니다.

[그림 3-28] 내비게이션 부분에 드롭다운 메뉴 적용 후 모습 example/ch03/navigation.html

내비게이션은 메인 메뉴를 사용하는 것보단 페이지의 일부 또는 서브 메뉴로 사용되며, 다음에 설명하는 내비게이션 바는 메인 메뉴에 주로 사용되며, 내비게이션 바는 부트스트랩의 컴포넌트 중 가장 중요한 요소 중 하나입니다.

3.7 내비게이션 바 (중요)

내비게이션 바는 주 용도가 메인 메뉴를 구성하는 데 있습니다. 부트스트랩의 컴포넌트 요소에서 가장 중요한 부분이기도 합니다. 내비게이션 바의 실제 구동 모습과 해당 구성 요소들에 대한 소스코드를 분석하도록 하겠습니다. 부트스트랩 웹사이트에서는 통합된 예제가 나오는데, 이 책에서는 조금 더 단순하고 세분화하도록 하겠습니다.

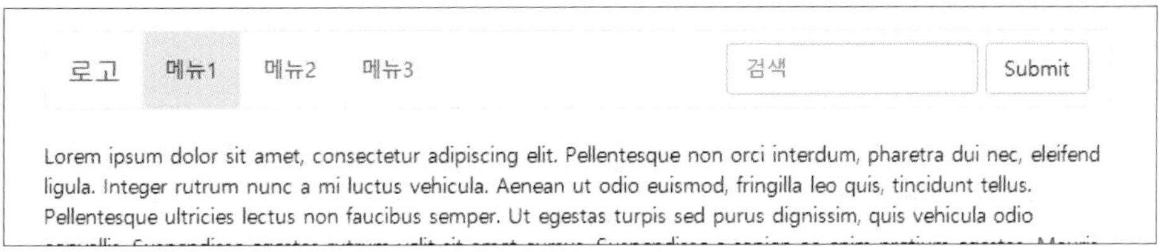

[그림 3-29] 가장 기본적인 형태의 내비게이션 바, 데스크 탑에서 보이는 모습 example/ch03/navbar.html

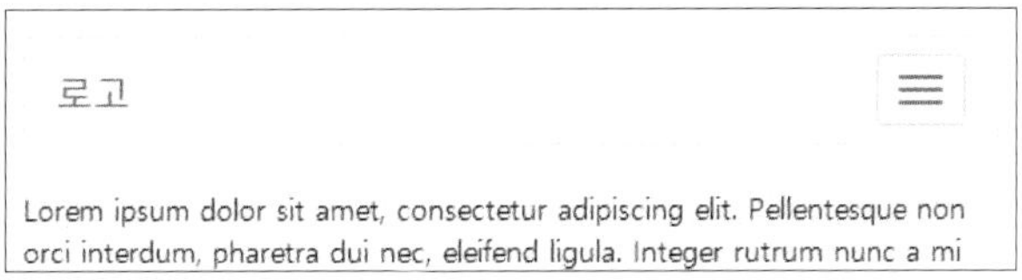

[그림 3-30] 가장 기본적인 형태의 내비게이션 바, 모바일에서 보이는 모습 example/ch03/navbar.html

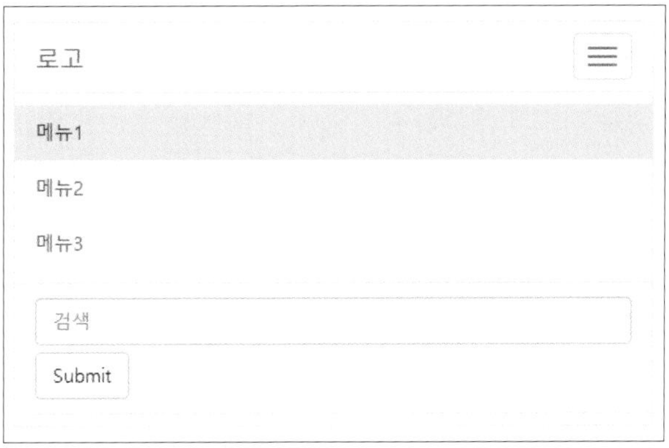

[그림 3-31] 모바일 환경에서 오른쪽 상단 ≡ 을 누르면 나오는 메뉴의 모습 example/ch03/navbar.html

[그림 3-29]를 보면 드롭다운 메뉴가 배제된 기본적인 내비게이션 바의 모습을 볼 수 있습니다. 가장 일반적으로 많이 사용되는 내비게이션 바의 형태입니다. 내비게이션 바는 HTML5의 nav 태그를 이용합니다. 내비게이션은 div class="nav"를 사용하는 것과는 차이가 있습니다. 내비게이션 바의 기본 형태는 nav 태그를 사용하고, 클래스 선택자를 navbar navbar-default를 적용해 줍니다. 다음의 코드를 확인하시기 바랍니다.

```
<nav class="navbar navbar-default" role="navigation">
... 중간 생략 ...
</nav>
```

.navbar-default는 배경 색상과 테두리 색상을 지정해 주는 역할을 합니다.

내비게이션 바의 가장 재미 있는 코드가 다음의 코드입니다.

```
<div class="navbar-header">
  <button ... 코드생략 ... data-toggle="collapse" data-target=".navbar-
ex1-collapse">
    <span class="sr-only">Toggle navigation</span>
    <span class="icon-bar"></span>
... 중간 생략 ...
  </button>
  <a class="navbar-brand" href="#">로고 </a>
</div>
```

.navbar-header로 지정된 부분은 사이트 로고가 들어가는 부분과 모바일 상태에서 ☰ 이런 아이콘을 처리하는 부분으로 구성되어 있습니다. 소스에서 <button>...</button> 태그로 구성된 부분이 모바일 화면에서 아이콘으로 변하고 클릭하면 [그림 3-31]과 같은 결과를 나오게 해주는 부분입니다. button 부분에 있는 data-target=".navbar-ex1-collapse"는 마크업 API로 메뉴 동작과 연동되는 부분이기 때문에 삭제를 해선 안 됩니다.

데스크탑에서 메뉴가 나오는 부분은 <div>...</div> 태그를 이용해서 구성되어 있습니다.

```
<div class="collapse navbar-collapse navbar-ex1-collapse">
... 중간 생략 ...
</div>
```

여기서 collapse 선택자는 모바일 상태에서 해당 메뉴가 보여지지 않게 감추는 역할을 하고 navbar-collapse는 모바일 상태에서 ☰ 아이콘을 클릭하면 서브메뉴가 보여지게 하는 역할을 합니다. navbar-ex1-collapse는 button에 있는 data-target=".navbar-ex1-collapse"와 연동되는 부분입니다. 나머지 코드 부분은 여러분이 직접 제공된 소스 파일을 보면 쉽게 이해할 수 있을 것입니다.

메뉴가 있는 부분을 오른쪽으로 이동하려면 navbar-right란 클래스 선택자를 메뉴가 있는 부분에 적용해 주면 됩니다.

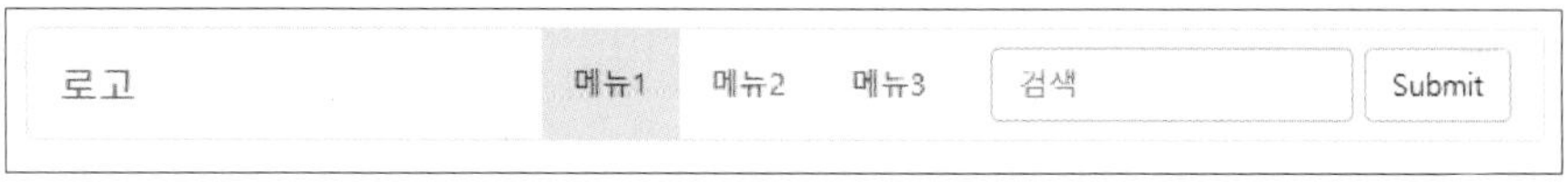

[그림 3-32] 메뉴가 있는 부분에 navbar-right를 적용한 후 모습 example/ch03/navbar-right.html

내비게이션은 지금까지 학습한 것과 같이 일반적인 링크만 걸린 내비게이션 바도 있지만, 드롭다운을 이용한 내비게이션 바도 있습니다.

[그림 3-33] 내비게이션 바에 드롭다운 메뉴를 적용한 후 결과 example/ch03/navbar-dropdown.html

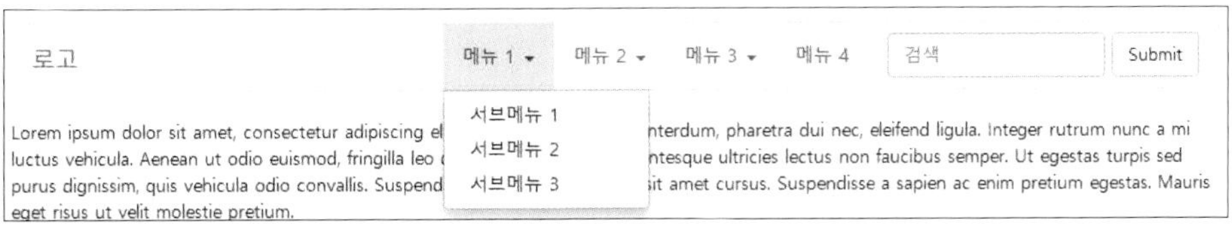

[그림 3-34] 내비게이션 바에 드롭다운 메뉴를 오른쪽 정렬한 후 결과 example/ch03/navbar2.html

드롭다운 메뉴를 오른쪽으로 정렬할 경우 드롭다운된 메뉴 부분도 오른쪽으로 정렬해 줘야 합니다. 그렇지 않으면 드롭다운된 메뉴가 [그림 3-35]에서와 같이 메인 메뉴의 왼쪽으로 정렬됩니다. 따라서 dropdown-menu 부분에 반드시 dropdown-menu-left를 추가해 줘야 합니다.

[그림 3-35] 드롭다운이 적용된 메뉴 부분을 오른쪽으로 정렬할 경우 dropdown-menu에 dropdown-menu-left를 추가하지 않으면 나타나는 결과 화면 example/ch03/navbar2.html

[그림 3-36] form 적용된 부분에는 navbar-left를, 일반 메뉴가 적용된 부분에는 navbar-right를 적용하여 순서를 변경해 줄 수 있다. example/ch03/navbar2.html

내비게이션 바 내부에는 버튼과 텍스트 그리고 일반 링크를 적용해 줄 수 있습니다. 버튼은 form 내부에 있지 않을 경우 일반적인 버튼의 속성에다 추가적으로 navbar-btn 이란 속성을 적용해야 합니다. 텍스트 또한 p 태그를 이용하며 p 태그에는 navbar-text

라는 클래스 선택자를 적용해 줘야 합니다. 일반 링크 또한 a 태그에 navbar-link라는
클래스 선택자를 적용해줘야 합니다.

[그림 3-37] 내비게이션 바 내부에 텍스트와 버튼 그리고 링크를 처리해 주는 방법
example/ch03/navbar-btn-text-link.html

　내비게이션 바의 가장 큰 특징은 내비게이션 바를 상단 또는 하단에 완전하게 고정해
줄 수 있다는 점입니다. 내비게이션 바가 적용된 부분에 .navbar-fixed-top을 적용하면
상단에, .navbar-fixed-bottom을 적용하면 하단에 고정됩니다. 스크롤을 하더라도 상단
또는 하단에 고정된 내비게이션 바는 항상 보여지게 됩니다. 여기서 주의할 점은 상단에
내비게이션 바를 고정할 경우 .navbar-fixed-top 속성만 적용하면 내비게이션 바의 크
기는 100%로 확장되어 버립니다. 따라서 메뉴 부분이 양쪽으로 펼쳐지게 되는데, 이를
방지하기 위해 내비게이션 바가 적용된 내부에 container 클래스 선택자를 추가해 주는
작업이 필요합니다.

```
<nav class="navbar navbar-default navbar-fixed-top" role="navigation">
  <div class="container">
  ...
  </div>
</nav>
```

　또한 body 상단에 50px 이상의 패딩을 적용해 줘야 합니다. 하단에 고정할 경우에
는 body 하단에 50px 이상의 패딩을 적용해 줘야 합니다. 그렇지 않으면 내비게이션 바
가 다른 콘텐츠 부분을 덮어버립니다. 기본적인 내비게이션 바의 경우 상단 고정일 때
body{padding-top:70px} 또는 하단 고정일 때 body{padding-bottom:70px}을 적용해
주는 것이 가장 좋은 결과를 얻을 수 있습니다. 해당 스타일은 bootstrap.css 다음에 적
용해 줘야 합니다. 사용자에 의해서 내비게이션 바의 높이가 수정된 경우 상단 또는 하단
의 패딩 값은 수정된 높이에 비례하여 값을 조절해야 합니다.

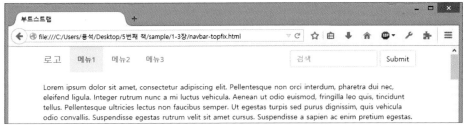

[그림 3-38] navbar-fixed-top 적용 시 body 태그에 패딩 값 적용 전(상) 후(하) 비교
example/ch03/navbar-topfix.html

[그림 3-38]의 상단에서 보면 `body{padding-top:70px;}`가 적용된 상태이며, 그림 하단 부분을 보면 브라우저의 스크롤을 움직이더라도 내비게이션 바는 고정되어 있는 것을 확인할 수 있습니다. 실제 한글 부트스트랩 웹사이트 내비게이션 바 부분이 navbar-fixed-top이 적용되어 있습니다.

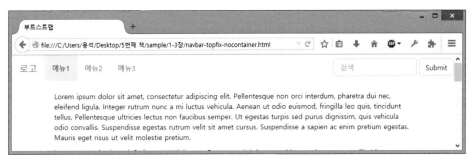

[그림 3-39] navbar-fixed-top만 적용할 경우 navbar 부분의 width는 100%가 되어 버림
example/ch03/navbar-topfix-nocontainer.html

단순하게 nav 태그 부분에 **navbar-fixed-top** 속성만 적용하게 되면 내비게이션 바의 넓이가 100%가 되어 버려 디자인을 해치는 결과를 얻을 수 있다.

`.navbar-fixed-bottom`을 적용해 주면 내비게이션 바가 하단에 고정되는데 이 경우에도 상단에 고정하는 것과 동일하게 내부에 container 속성을 적용해 줘야 합니다.

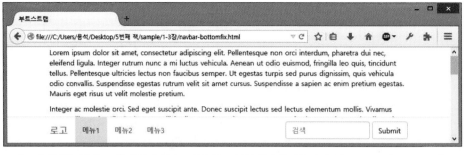

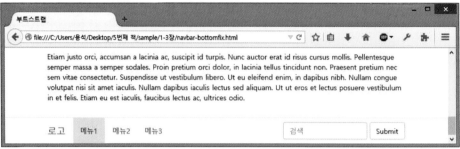

[그림 3-40] navbar-fixed-bottom인 경우에도 body 태그 부분에 패딩값을 적용해야 콘텐츠가 겹치는 것을 방지할 수 있음. 패딩 값 적용 전(상) 후(하) 비교 example/ch03/navbar-bottomfix.html

[그림 3-40]에서 .navbar-fixed-bottom을 추가하면 내비게이션 바 부분이 하단에 고정되게 됩니다. 하단의 그림과 같이 컨텐츠와 내비게이션 바 사이의 공간적 여유를 두기 위해서 반드시 body{padding-bottom:70px}의 속성을 적용해 줘야 합니다.

.navbar-static-top 속성을 적용하게 되면 브라우저에서 일반적인 내비게이션 바와 동일한 속성을 지니지만, 너비가 100%가 되는 내비게이션 바를 만들 수 있습니다. 고정된 내비게이션 바와 다르게 .navbar-static-top은 body{padding-top:70px;}과 같은 속성을 적용할 필요가 없습니다. 일반 내비게이션 바와 다르게 양 옆쪽으로 패딩 값이 제거되어 있기 때문에 form 태그를 적용할 경우 해당 form 부분에 사용자가 패딩값을 지정해 줘야 합니다.

[그림 3-41] .navbar-static-top 속성을 적용해 주면 꽉찬 너비의 내비게이션 바를 만들 수 있다.
example/ch03/navbar-statictop.html

[그림 3-41]을 [그림 3-32]와 비교해 보면 form 부분 오른쪽 부분에 여유가 없는 것을 알 수 있습니다. 따라서 .navbar-static-top 내부에 form을 오른쪽에 배치할 경우 별도의 패딩값을 적용해 줘야 합니다.

오른쪽에 패딩 적용 후 소스 파일은 example/ch03/navbar-statictop-form.html을 참고하기 바랍니다.

내비게이션 바에서 `navbar-defalut` 대신에 `navbar-inverse`를 적용해 주면 내비게이션 바의 배경색과 텍스트 색이 반전되는 효과를 얻을 수 있습니다.

로고
메뉴1
메뉴2
메뉴3
검색
Submit

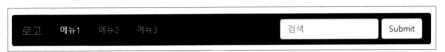

[그림 3-42] nav 태그에 navbar-defalut 대신에 navbar-inverse를 적용한 결과 내비게이션 바의 배경 색상과 텍스트 색상이 반전된 것을 알 수 있다. example/ch03/navbar-inverse.html

3.8 경로와 페이지네이션

경로는 웹사이트에서 현재 어느 페이지에 있다는 것을 알려주는 역할을 합니다. 특히 쇼핑몰 같은 웹사이트에서 경로를 많이 이용합니다. 경로는 `ol` 태그에 `breadcrumbs`라는 클래스 선택자를 적용해 주면 간단하게 만들 수 있습니다.

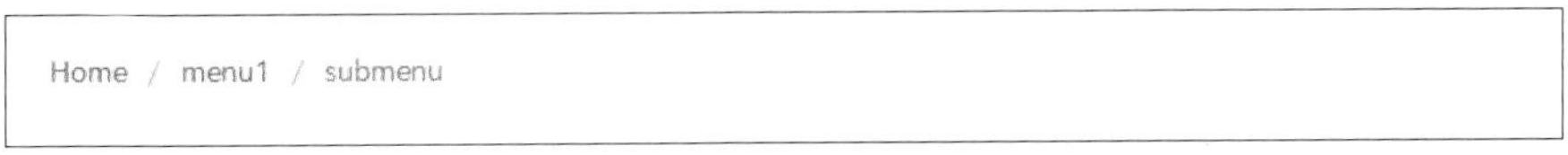
Home / menu1 / submenu

[그림 3-43] ol 태그에 breadcrumbs 클래스 선택자를 적용해 줌으로써 경로를 나타낼 수 있음 example/ch03/brnpaging.html

페이지네이션은 일반적으로 게시판 하단에 숫자로 다음, 이전 페이지 또는 특정 페이지를 선택하게 하는 부분을 말합니다. 페이지네이션은 `ul` 태그에 `pagination`이라는 클래스 선택자를 적용해 주면 손쉽게 만들 수 있습니다.

```
<ul class="pagination">
  <li><a href="#">&laquo;</a></li>
  <li><a href="#">1</a></li>
  ... 중간 생략 ...
</ul>
```

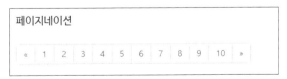

페이지네이션
« 1 2 3 4 5 6 7 8 9 10 »

[그림 3-43] 페이지네이션의 기본 모습 example/ch03/brnpaging.html

페이지네이션도 부트스트랩의 다른 컴포넌트와 동일한 방법으로 비활성화를 할 수 있으며, 현재 활성 상태를 표시해 줄 수 있습니다. 비활성화는 disabled 속성을, 활성 상태는 active를 적용해 주면 됩니다. 비활성화 상태 및 활성화 상태는 링크가 클릭이 되진 않지만, 프로그램적으로 a 태그를 제외해야 하는 경우도 있습니다. 이 경우 a 태그가 들어간 부분을 <span> 태그를 이용해서 대체하게 되면 동일한 효과를 얻을 수 있습니다. 페이지네이션 부분도 크기 조절이 가능합니다. pagination만 단독으로 사용하면 기본값을, pagination과 pagination-lg를 같이 사용하면 큰 페이지네이션을, pagination과 pagination-sm을 사용하면 작은 페이지네이션을 만들 수 있습니다.

[그림 3-44] 페이지네이션의 활성 및 비활성 속성 및 크기 조절 부분 example/ch03/brnpaging.html

페이지네이션은 게시판과 같은 많은 글들이 있는 경우 유용하지만, 블로그 본문에서 다음 페이지, 이전 페이지와 같은 단순한 페이지네이션을 사용하려면 ul 태그 부분에 pager라는 클래스 선택자를 사용합니다. 사용법은 페이지네이션과 거의 유사합니다만 페이저는 단순하게 이전, 다음 이렇게 두 개의 버튼만 존재하기 때문에 태그 구성은 아주 간단합니다.

[그림 3-45] 기본 pager만 적용하면 해당 요소들은 가운데 정렬이 된다. example/ch03/brnpaging.html

[그림 3-45]와 같이 페이지의 기본 속성은 링크를 가운데 정렬합니다. 하지만 `<ul class="pager">` 내부에 있는 li 태그 부분에 `<li class="previous">`와 `<li class="next">`를 적용해 주면 양끝 정렬이 됩니다. pager 내부에도 disabled 속성을 적용해 주면 해당 링크는 비활성화 됩니다.

페이저 양 끝 정렬

← 이전 글   새로운 글 →

페이저 비활성화

← 이전 글   새로운 글 →

[그림 3-46] `<ul class="pager">` 내부에 있는 li 선택자에 속성을 적용해 줌으로써 양끝 정렬로 변환할 수 있고, disabled 클래스 선택자를 적용해 주면 링크를 비활성화할 수 있다. example/ch03/brnpaging.html

3.9 라벨과 배지

라벨은 커뮤니티 게시판이나 블로그에 새로운 글이 올라온 경우 새로운 글이 있다는 것을 표시해 주는 역할을 하는 것이라고 이해하면 됩니다. 단순히 새로운 글만 있다는 것이 아니라, 웹사이트에 있는 글 내용 중에 중요하거나 반드시 알려야 하는 내용이 있을 경우 따로 표시해 주는 역할을 라벨이 해주는 것입니다. 라벨은 보통 "New"와 "중요" 이렇게 텍스트를 이용해서 표시하지만, 라벨은 보통 숫자를 이용해서 읽지 않는 메일의 수 또는 새로운 내용이 있다는 것을 알려주는 역할을 합니다. 모바일 환경에서 트위터, 페이스북 또는 카카오톡이나 밴드와 같은 SNS 서비스에서 새로운 글이 있는 경우 표시해 주는 역할을 하는 것을 배지라고 이해하면 쉽습니다.

라벨은 `<span class="label label-default">`라고 처리해 주며, 기본값은 회색 배경색을 가집니다. 라벨 또한 CSS에서 학습했던 버튼 사용 방법과 동일하게 처리됩니다. 버튼의 경우에도 class="btn btn-default"라고 처리하고 나머지 색상을 입힐 때, btn-primary, btn-success, btn-info, btn-warning, btn-danger라고 처리했는데, 라벨도 btn-* 대신에 label-*로 처리해 주면 됩니다.

배지는 `<span class="badge">`로 처리해 주면 됩니다.

라벨 사용

번 호	제 목	글쓴이
1	테이블 테스트 테이블 테스트 테이블 테스트 `New`	홍길동
2	테이블 테스트 테이블 테스트 테이블 테스트 `중요`	임꺽정
3	테이블 테스트 테이블 테스트 테이블 테스트 `정보`	성춘향

`Default` `Primary` `Success` `Info` `Warning` `Danger`

[그림 3-47] 라벨을 이용해서 게시판 등에 새로운 글 또는 중요한 정보를 표시해 줌. 하단 라벨은 label-*을 이용한 색상 적용 예제 example/ch03/labelnbadge.html

[그림 3-48] 배지는 주로 숫자로 구성되는데, 읽지 않는 메일이나 새로운 글이 나타났을 때 표시해주는 역할을 함 example/ch03/labelnbadge.html

3.10 점보트론과 페이지 제목

점보트론은 사이트에서 일반적으로 프론트 페이지 또는 아주 중요한 페이지에서 해당 콘텐츠를 강조할 때 사용합니다. 특히 점보트론 내부의 글꼴 크기는 부트스트랩 기본 글꼴 크기에 비해 큽니다. 실제 예제에서 비교해 보겠습니다(부트스트랩의 기본 글꼴크기 14px, 점보트론 내부의 글꼴크기 21px). 점보트론의 내부는 30px의 패딩값이 적용되고, 배경색상이 회색(#eee)입니다. 또한 점보트론을 `.container` 내부에 두지 않고 외부에 두면 넓이가 100%로 설정됩니다.

페이지 제목Page header은 페이지의 시작 부분에 설정을 해주게 되면, 페이지와 웹 페이지의 다른 요소들을 분리시켜주는 역할을 하게 되어 페이지의 가독성을 높여주는 역할을 합니다.

[그림 3-49] **점보트론의 예** example/ch03/jumbotron.html

그림 상단의 점보트론은 .container 외부에 있는 점보트론으로 넓이width가 100%로 설정되어 있습니다. 하단은 .container 내부에 있는 점보트론으로 container 값의 변화에 따라 점보트론의 크기도 변하게 됩니다. 또한 점보트론 내부의 글꼴 크기와 외부에 있는 글꼴 크기를 비교해 보면, 점보트론 내부에 있는 글꼴의 크기가 상당히 크다는 것을 알 수 있습니다. 점보트론은 프론트 페이지에서도 사용되지만, 특정 웹 페이지에서 강조할 만한 콘텐츠를 알려주는 역할도 합니다.

[그림 3-50]을 보면 페이지 제목 내부에 h1이 적용된 페이지와 단순히 h1 태그를 사용한 페이지를 비교해 봤습니다. 그림에서와 같이 페이지 제목이 적용된 부분이 글을 읽기가 편하고 제목 부분이 본문과 선으로 분리되어 있어 제목이라는 것을 쉽게 알 수 있습니다.

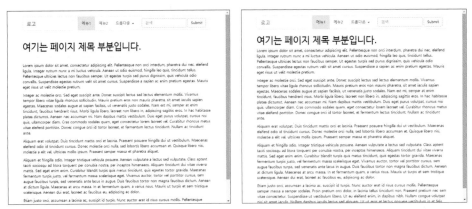

[그림 3-50] 페이지 제목과 내부에 h1이 적용된 페이지(좌), 단순히 h1 태그만 적용한 부분(우)

example/ch03/pageheader.html(좌) / example/ch03/pageheader-compare.html(우)

3.11 썸네일

썸네일은 주로 사진 갤러리 용도로 사용합니다. 썸네일은 thumbnail이라는 클래스 선택자를 사용하며, 그리드 시스템과 병행해서 사용됩니다. 2장 CSS의 "이미지" 편에서 img 태그에 class="img-thumbnail"을 적용해 주면, 이미지 가장 자리에 약간의 여백을 두고 둥근 모서리가 생겼는데, 컴포넌트에서 썸네일은 img 태그에 클래스 선택자를 적용하는 것이 아니라 div 태그 또는 a 태그에 적용하고 각각의 썸네일을 그리드 시스템과 결합하여 사진 갤러리로 만드는 것을 의미합니다 코드를 분석하여 썸네일을 적용하는 법을 보겠습니다.

```
<div class="row"><!--그리드 시스템을 위한 row 클래스 선택자 -->
  <div class="col-sm-6 col-md-3"><!--태블릿 및 스마트 폰에선 2개의 그리드를, 데
스크 탑에서는 4개의 그리드를 보여주게 처리 -->
    <a href="#" class="thumbnail"><!-- thumbnail 처리 -->
      <img src="DSC_6305.jpg" alt="..."><!-- 이미지 -->
    </a>
  </div>
...
</div>
```

썸네일 그리드 시스템 내부에는 .caption이라는 클래스 선택자를 이용해서 제목과 내용 그리고 다른 요소들도 추가해 줄 수 있습니다. 또한 썸네일 컴포넌트를 이용할 경우 이미지의 크기는 그리드 시스템과 연동되어 자동적으로 크기가 조절됩니다.

[그림 3-51] 썸네일 컴포넌트를 이용한 사진 갤러리. 상단은 이미지만 넣은 상태이고, 하단은 썸네일 내부에 제목과 내용 그리고 버튼도 넣은 상태임 example/ch03/thumbnail.html

[그림 3-52] 썸네일은 그리드 시스템의 일부로 그리드 시스템에 의해서 썸네일의 크기도 변하고 이미지의 크기도 자동으로 변하게 된다. example/ch03/thumbnail.html

3.12 경보와 진행바

경보Alerts는 웹 페이지의 폼 양식에서 입력에 문제가 생겼거나 웹 페이지에서 주의할 내용을 강하게 알려줄 때 사용합니다. 경보는 기본 클래스는 없고, div 태그를 이용하여 다음과 같이 4가지 방식으로 처리합니다. 경보는 alert-default가 없는데, 지금까지 학습한 내용을 보면 *-default의 값은 배경이 주로 회색인데, 회색 계열로 경보를 알려주기에는 부적절한 색상이기 때문입니다.

```
<div class="alert alert-success">...</div>
<div class="alert alert-info">...</div>
<div class="alert alert-warning">...</div>
<div class="alert alert-danger'>...</div>
```

경보는 또한 .alert-dismissable이라는 클래스 선택자와 없애기 버튼을 추가하여 경보를 사라지게 만들 수도 있습니다. 단 버튼 태그에는 반드시 class="close" data-dismiss="alert" aria-hidden="true"와 같은 속성을 추가해야 합니다. 제공된 샘플 코드를 참조하세요.

또한 경보 내에는 링크도 포함될 수 있는데, 이때는 .alert-link라는 선택자를 사용합니다. 링크 부분은 다른 글꼴보다 두껍게bold 처리되며, 마우스 오버시 링크 선이 나타납니다.

진행바progress bar라는 것은 대용량 파일 또는 사진 등을 올리거나 다운 받을 때 나타나는 바를 말합니다. 보통 진행바는 jQuery 플러그인을 이용해서 처리했는데, 부트스트랩에서는 기본 컴포넌트에 포함되어 있습니다. 또한 웹 프로그래밍을 이용해서 진행바의 숫자값을 변경해 줌으로써, 진행바가 애니메이션이 되게 처리할 수도 있습니다. 진행바의 기본 소스코드는 다음과 같습니다.

```
<div class="progress"><!-- 전체를 progress 선택자를 이용해 감쌈 -->
  <div class="progress-bar" role="progressbar" aria-valuenow="90" aria-
valuemin="0"
    aria-valuemax="100" style="width: 90%;">
    <!-- style="width:숫자%" 숫자 부분의 값을 변화하면 진행바의 크기도 변하게 된다. -->
    <span class="sr-only">90% Complete</span>
    <!-- 이 부분은 없어도 되지만 웹 접근성을 위해서는 반드시 필요 -->
  </div>
</div>
```

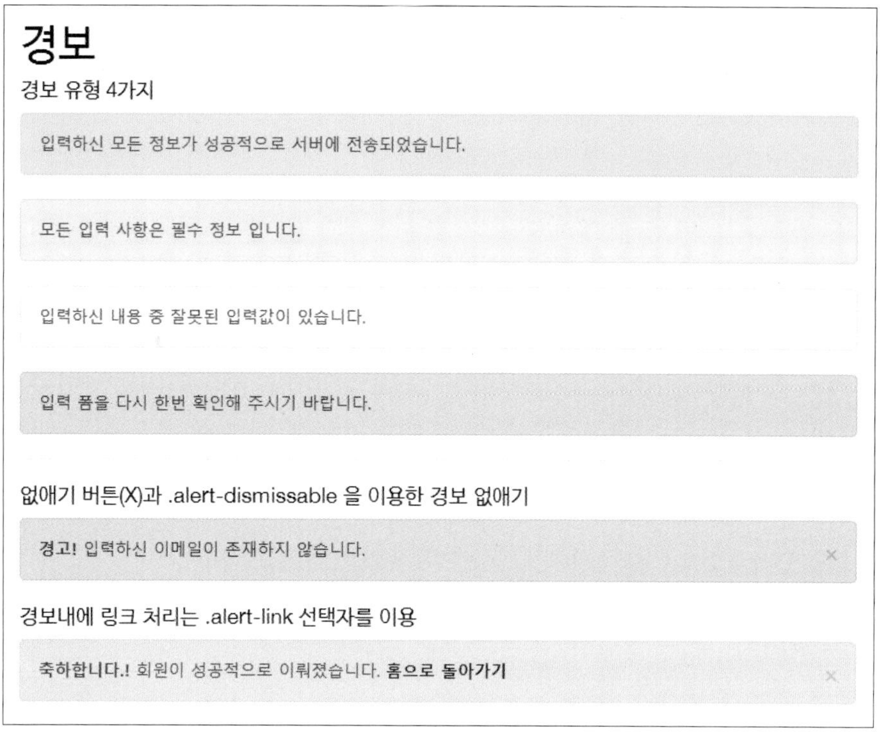

경보

경보 유형 4가지

입력하신 모든 정보가 성공적으로 서버에 전송되었습니다.

모든 입력 사항은 필수 정보 입니다.

입력하신 내용 중 잘못된 입력값이 있습니다.

입력 폼을 다시 한번 확인해 주시기 바랍니다.

없애기 버튼(X)과 .alert-dismissable 을 이용한 경보 없애기

경고! 입력하신 이메일이 존재하지 않습니다.   ×

경보내에 링크 처리는 .alert-link 선택자를 이용

축하합니다.! 회원이 성공적으로 이뤄졌습니다. **홈으로 돌아가기**   ×

[그림 3-53] 경보 유형 4가지 example/ch03/alert.html

경보는 4가지 유형으로 만들 수 있으며, 선택자와 버튼을 이용해서 경보를 보이지 않게도 처리할 수 있습니다(화면상에 보이는 X 버튼을 누르면 경보가 사라짐). 또한 경보 내부에서 링크 처리는 alert-link 선택자를 이용해서 처리하면 됩니다.

진행바가 적용된 부분에 있는 aria-valuenow는 진행바 또는 슬라이더와 같은 위젯에서 현재 진행되는 값을 알려주는 역할을 합니다. 현재 진행되는 값을 모를 경우에는 aria-valuenow를 적용하면 안 되고, 만약 aria-valuenow 값을 적용한 경우 반드시 aria-valuemin 값과 aria-valuemax 값을 설정해 줘야 합니다.

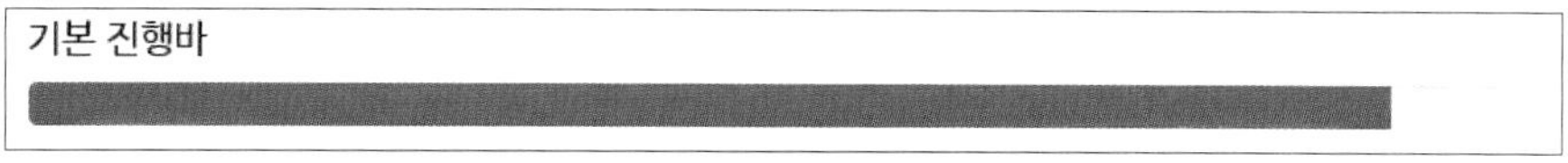

기본 진행바

[그림 3-54] 기본 진행바의 색상은 파란색 계열이다. example/ch03/progressbar.html

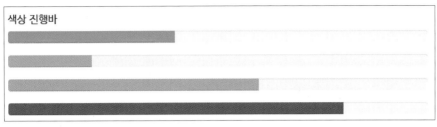

[그림 3-55] 진행바 또한 경보 등과 같이 색상을 적용해 줄 수 있으며, 부트스트랩의 색상 적용 방법과 동일하다. example/ch03/progressbar.html

[그림 3-56] 줄무늬 패턴의 진행 바 example/ch03/progressbar.html

`<div class="progress">` 부분을 `<div class="progress progress-striped">`로 변경해 주면 진행바에 줄무늬 패턴이 생성됩니다. 줄무늬는 IE9과 그 이하의 버전에서는 나타나질 않습니다. 또한 `<div class="progress progress-striped active">`를 추가하면 줄무늬 패턴에 애니메이션이 적용됩니다.

[그림 3-57] 하나씩 쌓이는 바 example/ch03/progressbar.html

진행바를 `<div class="progress">` 내부에 여러 개를 넣으면 하나씩 쌓이는 바로 만들 수 있습니다.

3.13 미디어 객체, 목록그룹, 패널, Wells

컴포넌트의 마지막 부분으로 미디어 객체Media object, 목록그룹List group, 패널Panels, Wells에 대해서 설명하도록 하겠습니다. 미디어 객체는 게시판 또는 블로그에서 댓글을 처리하는 부분을 말합니다. 워드프레스를 이용한 블로그의 댓글에는 화면 왼쪽에 아바타

라고 하는 사용자의 모습을 나타내는 조그마한 사진이 있고 댓글의 제목과 내용이 나오는데, 부트스트랩의 미디어 객체는 이런 댓글 부분을 만들어 주는 역할을 합니다.

미디어 객체의 기본 HTML 구조는 다음과 같습니다.

```
<div class="media"> <!--미디어 객체 전체는 media 선택자를 이용해서 감싸줌 -->
  <!-- 이미지의 위치는 왼쪽으로 정렬, 여기서 pull-right를 적용해 주면 이미지 부분은
오른쪽으로 정렬됨. -->
  <a class="pull-left" href="#">
    <!-- 이미지는 media-object 선택자를 적용해 줌으로써, display: block; 속성이
적용됨. -->
    <img class="media-object" src="이미지경로" alt="...">
  </a>
  <div class="media-body"><!-- 여기서부터 미디어 바디 부분 -->
    <!-- 제목 부분은 media-heading 선택자를 적용해 줌으로써 본문과 5픽셀의 여백을 만
들어 줄 수 있음. -->
    <h4 class="media-heading">제목</h4>
    ... 내용 ...
  </div>
</div>
```

미디어 객체의 media-body 내부에 다른 media를 삽입해 줌으로써, 댓글에 대한 댓글을 만들 수 있습니다.

기본 미디어

Media heading
여기는 기본내용이 들어가는 곳 입니다. Lorem ipsum dolor sit amet, consectetur adipiscing elit. Pellentesque non orci interdum, pharetra dui nec, eleifend ligula. Integer rutrum nunc a mi luctus vehicula.

Media heading
여기는 기본내용이 들어가는 곳 입니다. Lorem ipsum dolor sit amet, consectetur adipiscing elit. Pellentesque non orci interdum, pharetra dui nec, eleifend ligula. Integer rutrum nunc a mi luctus vehicula.

Media heading
여기는 기본내용이 들어가는 곳 입니다. Lorem ipsum dolor sit amet, consectetur adipiscing elit. Pellentesque non orci interdum, pharetra dui nec, eleifend ligula. Integer rutrum nunc a mi luctus vehicula.

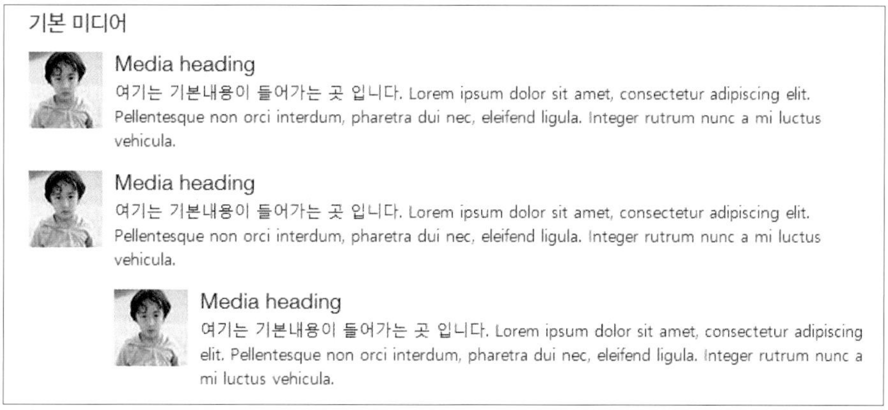

[그림 3-58] div 태그를 이용한 미디어 객체 만들기 example/ch03/media.html

[그림 3-58]처럼 <div class="media-body"> 내부에 <div class="media">를 추가하면 댓글에 대한 댓글을 만들 수 있습니다.

미디어 객체는 div 태그를 사용하는 방법과 목록(ul과 li) 태그를 사용하는 방법이 있습니다. 목록태그를 사용하는 경우에는 다음과 같은 구조를 가지게 됩니다.

```
<ul class="media-list">
  <li class="media">
    <a class="pull-left" href="#">
      <img class="media-object" src="..." alt="...">
    </a>
    <div class="media-body">
      <h4 class="media-heading">Media heading</h4>
        ...
    </div>
  </li>
</ul>
```

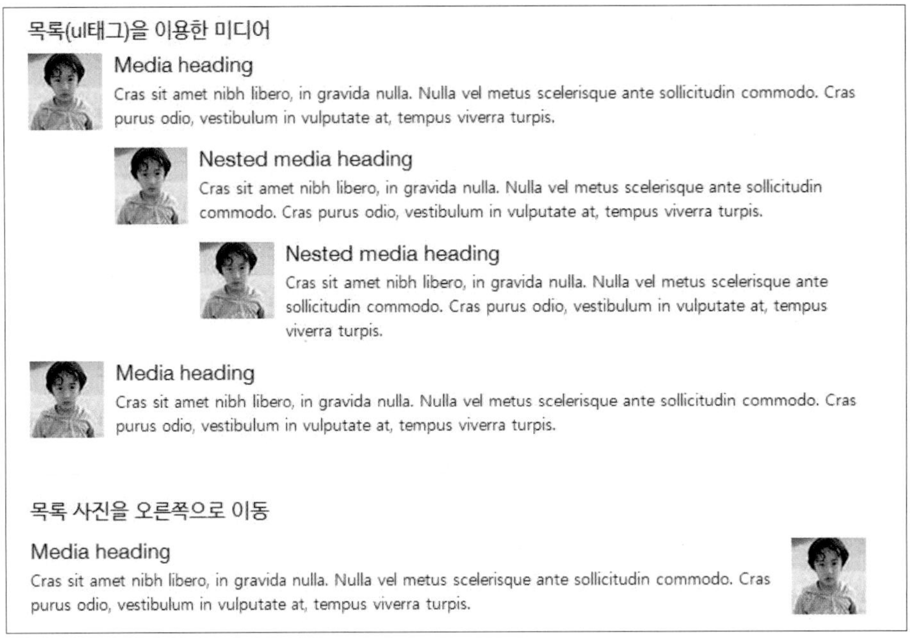

목록(ul태그)을 이용한 미디어

Media heading
Cras sit amet nibh libero, in gravida nulla. Nulla vel metus scelerisque ante sollicitudin commodo. Cras purus odio, vestibulum in vulputate at, tempus viverra turpis.

Nested media heading
Cras sit amet nibh libero, in gravida nulla. Nulla vel metus scelerisque ante sollicitudin commodo. Cras purus odio, vestibulum in vulputate at, tempus viverra turpis.

Nested media heading
Cras sit amet nibh libero, in gravida nulla. Nulla vel metus scelerisque ante sollicitudin commodo. Cras purus odio, vestibulum in vulputate at, tempus viverra turpis.

Media heading
Cras sit amet nibh libero, in gravida nulla. Nulla vel metus scelerisque ante sollicitudin commodo. Cras purus odio, vestibulum in vulputate at, tempus viverra turpis.

목록 사진을 오른쪽으로 이동

Media heading
Cras sit amet nibh libero, in gravida nulla. Nulla vel metus scelerisque ante sollicitudin commodo. Cras purus odio, vestibulum in vulputate at, tempus viverra turpis.

[그림 3-59] ul 태그를 이용한 미디어 객체. ul 태그를 이용하면 div 태그를 이용한 미디어 객체보다 태그 편집이 조금은 수월해진다. example/ch03/media.html

[그림 3-59]에서처럼 이미지가 있는 부분에 있는 **pull-left**를 **pull-right**로 변경하면 이미지는 오른쪽으로 정렬됩니다.

목록그룹은 단순히 목록을 그룹으로 묶기도 하지만, 주로 웹사이트의 서브페이지의 오른쪽 또는 왼쪽에 위치한 서브메뉴를 구성할 때 편리합니다. 목록그룹은 ul과 li 태그를 이용해서 구성하기도 하지만 div와 a 태그를 이용해서 구성할 수도 있습니다. 특히 서브 메뉴와 같은 형식을 만들 때는 반드시 div와 a 태그를 이용해서 구성하는 것이 편리합니다.

ul과 li 태그를 이용한 목록그룹은 다음과 같은 구조를 가지고 있습니다.

```html
<ul class="list-group">
  <li class="list-group-item"> 기본 목록 </li>
  ... 중간 생략 ...
</ul>
```

div와 a 태그를 이용한 목록그룹은 다음과 같은 구조를 가집니다.

```html
<div class="list-group">
  <a href="#" class="list-group-item">기본 목록 </a>
  ... 중간 생략 ...
</div>
```

div와 a 태그를 이용한 목록그룹의 경우 활성active 상태를 지정해 줄 수 있습니다.

```html
<div class="list-group">
  <a href="#" class="list-group-item active">기본 목록</a>
  ... 중간 생략 ...
</div>
```

목록그룹 내부에는 다음과 같이 다양한 HTML 태그를 적용해 줄 수도 있습니다.

```html
<div class="list-group">
  <a href="#" class="list-group-item active">
    <h4 class="list-group-item-heading">여긴 제목</h4>
    <p class="list-group-item-text">여긴 내용</p>
  </a>
</div>
```

[그림 3-60] 목록그룹의 유형. ul과 li 태그를 사용한 경우와 div와 a 태그를 사용한 경우
example/ch03/list-group.html

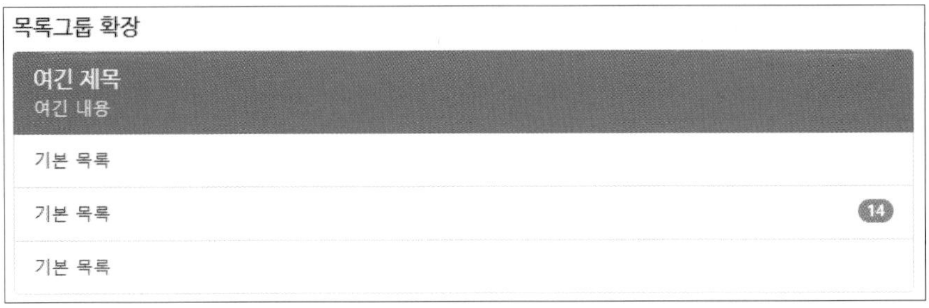

[그림 3-61] 목로그룹 내부에 다양한 HTML 태그를 추가해 줄 수 있다. example/ch03/list-group.html

패널은 아주 가끔 사용하는 컴포넌트 중 하나입니다. 무슨 역할을 하는 것인가 하면, DOM으로 처리된 부분에 박스를 만들어 줍니다. DOM은 Document Object Model의 약자로서 문서 객체모델이라는 의미입니다. DOM에 대한 자세한 내용은 http://www. w3.org/DOM/을 참조하세요.

패널은 다음과 같은 구조를 가지고 있습니다.

```html
<div class="panel panel-default">
  <div class="panel-body">Basic panel example</div>
</div>
```

위의 코드를 보면 `panel panel-default`라고 되어 있는데, 이젠 `-default`, `-primary`, `-success`, `-info`, `-warning`, `-danger`라는 추가적인 색상을 적용해 주는 상태 클래스가 적용될 수 있다는 것을 눈치가 빠른 독자들은 이해할 수 있을 것입니다.

`panel-body` 상단에는 `panel-heading`이라는 선택자를, 하단에는 `panel-footer`라는 선택자를 추가해 줘서 상단이 있는 패널 또는 하단이 있는 패널을 만들 수 있습니다. 특히 여기서 상단에 위치한 패널에는 h1에서 h6까지의 태그를 사용해서 `<h3 class="panel-title">...</h3>`와 같이 제목을 설정해 줄 수도 있습니다.

[그림 3-62]를 보면 기본 패널과 패널들에 다양한 효과를 준 모습을 볼 수 있습니다. 패널은 거의 사용되지 않는 컴포넌트이긴 하지만, 때론 개발자 또는 디자이너의 필요에 의해서 사용될 여지가 있는 컴포넌트 중 하나입니다. 패널 내부에는 DOM이 들어가기 때문에 때론 테이블이 들어갈 수도 있고 때론 목록그룹이 들어갈 수도 있습니다.

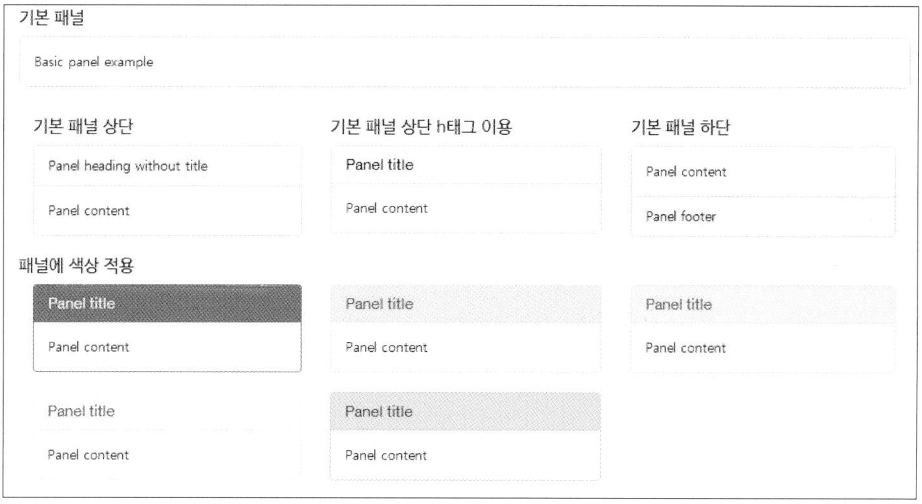

[그림 3-62] 패널의 여러 가지 형태 example/ch03/panel.html

패널 내부에 테이블 적용 패널 내부에 panel-body 있는 경우

패널 제목		
Panel content		
번호	제목	글쓴이
1	테이블 테스트 테이블 테스트 테이블 테스트	홍길동
2	테이블 테스트 테이블 테스트 테이블 테스트	임꺽정
3	테이블 테스트 테이블 테스트 테이블 테스트	성춘향

패널 내부에 테이블 적용 패널 내부에 panel-body 없는 경우

패널 제목		
번호	제목	글쓴이
1	테이블 테스트 테이블 테스트 테이블 테스트	홍길동
2	테이블 테스트 테이블 테스트 테이블 테스트	임꺽정
3	테이블 테스트 테이블 테스트 테이블 테스트	성춘향

[그림 3-63] 패널 내부에 table이 적용된 결과 example/ch03/panel.html

[그림 3-63]에서 상단에는 panel-body가 있는 경우이고, 하단은 panel-body가 없는 경우입니다. panel-body가 없는 경우 패널 제목과 테이블은 공간적 여유가 없습니다.

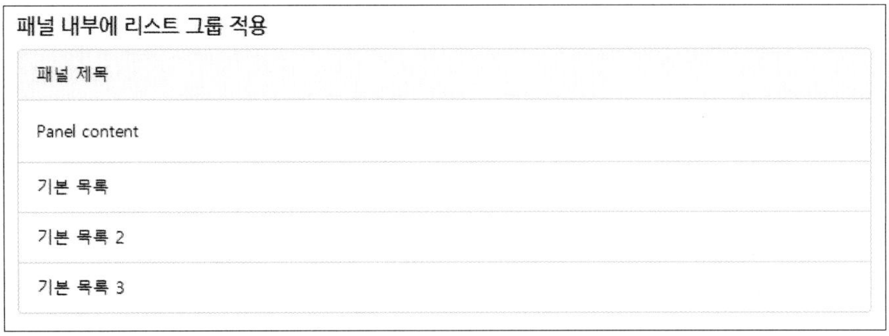

패널 내부에 리스트 그룹 적용

패널 제목
Panel content
기본 목록
기본 목록 2
기본 목록 3

[그림 3-64] 패널 내부에 리스트그룹을 적용한 결과 example/ch03/panel.html

컴포넌트의 마지막은 Wells라는 우물과 같이 박스가 움푹 파인 효과를 내주는 컴포넌트입니다. Wells는 거의 사용 안할 수도 있는 컴포넌트인데, 때론 이런 효과를 통해 사용자의 이목을 끌 수도 있기 때문에 이런 컴포넌트가 있다 라는 정도만 이해해 주기 바랍니다.

Wells의 구조는 아주 간단합니다.

```
<div class="well">...</div>
```

이렇게만 처리하면 가본적인 형태가 갖춰지며,
`<div class="well well-lg">...</div>`는 큰 박스 `<div class="well well-sm">...</div>`은 작은 박스를 만들어 줍니다.

[그림 3-65] well 선택자를 이용하여 안쪽으로 파인 효과를 내는 박스 적용 모습 example/ch03/wells.html

정리하며

지금까지 컴포넌트에 대해서 학습을 했습니다. 컴포넌트(부품 또는 요소)는 부트스트랩 개발팀에서 빠른 시간 내에 웹사이트를 제작할 수 있게 만들어 놓은 훌륭한 도구입니다. 복잡하게 코드를 구성하는 것보다 컴포넌트의 요소들만 웹 페이지에 넣어주면 손쉽게 효과를 구현해 줄 수 있기 때문입니다. 특히 컴포넌트는 4장에서 배울 자바스크립트와 결합하게 되면, 아주 편리하고 강력한 효과를 줄 수 있게 됩니다. 따라서 3장에 나온 컴포넌트에 대한 코드를 이해하는 것보다는 이 컴포넌트를 어떻게 사용하면 좋을지에 대한 연구를 하는 것이 좋습니다. 이 책의 2부에서는 컴포넌트를 이용한 예제가 많이 나오기 때문에 이런 경우 이런 컴포넌트를 사용하면 되는구나 라고 이해하면 실제 업무에서 많은 도움을 받을 수 있을 것입니다.

부트스트랩의 자바스크립트

부트스트랩은 CSS, 컴포넌트, 자바스크립트 이렇게 3파트로 구성되어 있습니다.

1부 4장은 부트스트랩에 포함되어 있는 자바스크립트에 관해 간단하게 학습하겠습니다. 부트스트랩의 자바스크립트는 현재 가장 인기있는 자바스크립트 프레임워크인 jQuery를 기반으로 작동합니다. 부트스트랩의 자바스크립트들은 jQuery가 없으면 작동하지 않기 때문에 웹 페이지 내부에는 jQuery 라이브러리가 반드시 포함되어야 합니다. 부트스트랩에서 사용되는 자바스크립트들은 현재 인터넷에서 가장 많이 사용되는 부분만 특화했기 때문에 개발자에 따라서 필요없는 부분도 있을 수 있거나 부트스트랩에서 없는 효과를 추가해야 할 경우도 있습니다. 필요없는 부분은 부트스트랩의 맞춤화(Customize)에서 해당 부분만 선택해서 컴파일 해주면 되고, 만약 부트스트랩에서 지원하지 않는 효과라면 개발자가 직접 개발을 하거나 아니면 무료 jQuery 플러그인을 직접 추가해 주면 됩니다.

부트스트랩에서의 자바스크립트는 이런 효과들을 줄 수 있다는 것을 이해하고, 예제를 통해 실제 동작되는 효과들을 확인해 보고 실제 웹사이트 제작 시에는 여기서 제시하는 예제를 기반으로 응용하면 됩니다. 부트스트랩에 포함되어 있는 자바스크립트는 디자인과 관련된 효과가 대부분이며, 그 효과들이란 전환, 모달 윈도우, 드롭다운, 스크롤 스파이, 탭, 툴팁, 팝오버, 경보, 컬랩스, 캐러셀, Affix가 있습니다.

4.1 개요

부트스트랩 파일을 다운로드 받고 압축을 풀면, bootstrap.js 파일과 bootstrap.min.js 파일이 있는데, 이 책의 처음에도 언급했지만, min이라고 되어 있는 파일은 축약형 파일입니다. 두 파일의 내용은 동일합니다. 따라서 두 개의 파일 중 하나만 사용하기 바랍니다.

부트스트랩에 있는 자바스크립트는 전체 효과(전환, 모달 윈도우, 드롭다운, 스크롤 스파이, 탭, 툴팁, 팝오버, 경보, 컬랩스, 캐러셀, Affix)가 포함된 bootstrap.js 파일을 사용하거나, 맞춤화를 통해 개별적인 효과만 추출해서 사용할 수도 있습니다. 모든 플러그인은 jQuery가 없는 경우 구동되지 않습니다. 따라서 jQuery는 해당 플러그인에 앞서 구동되어야 합니다.

모든 부트스트랩의 플러그인들은 별도의 자바스크립트 코드 없이 마크업Markup API를 통해 사용할 수 있습니다. 3장에서 배운 컴포넌트 부분('3.7 내비게이션 바' 참조)에서 HTML 문서 내부에 `data-toggle="collapse"` 처럼 태그처럼 사용되는 이 부분을 마크업 API라고 합니다. 부트스트랩에서 자바스크립트를 사용할 때는 마크업 API를 사용하거나 별도의 자바스크립트 코드를 사용하여 해당 자바스크립트를 활성화해 줘야 합니다. 이렇게 자바스크립트를 활성화할 때는 가장 먼저 마크업 API를 사용해야 하며, 마크업 API를 사용할 수 없을 경우에 한해서 별도의 자바스크립트 코드를 사용해야 합니다. 그리고 상황에 따라서는 마크업으로 지정된 API 즉 데이터 API의 사용을 끌 수도 있다는 것입니다. 데이터 API를 끄는 방법은 다음과 같습니다.

```
$(document).off('.data-api')
```

위와 같이 처리하면 모든 마크업 API는 작동하지 않습니다. 하지만 특정한 플러그인만을 작동하지 않게 하기 위해서는 해당 플러그인의 이름을 포함해서 처리하면 됩니다. 아래의 예는 경고를 내는 마크업 API의 동작을 멈출 때 사용됩니다.

```
$(document).off('.alert.data-api')
```

부트스트랩에서 사용하는 API는 jQuery를 사용하듯이 사용하면 됩니다. 부트스트랩에서 정의된 클래스 선택자 또는 컴포넌트들을 이용하여 jQuery 문으로 만들어서 사용하면 됩니다. 모든 API들은 개별적으로 사용할 수 있으며, 모든 API들은 서로 연결하여 사용할 수도 있습니다. 아래의 코드는 jQuery를 배우면 가장 먼저 접하는 예제 중 하나입니다.

```
$('.btn.danger').button('toggle').addClass('fat')
```

위의 자바스크립트는 ".btn.danger(버튼 속성 danger)를 토글(버튼을 누르고 뗀 상태)할 경우, fat이라는 클래스 선택자를 .btn.danger에 추가한다"라는 의미입니다.

모든 메소드Method는 옵션 객체나 특별한 메소드를 대상으로 하는 문자열을 넣을 수도 있고, 또는 아무것(기본 동작)도 넣지 않을 수도 있습니다.

```
$('#myModal').modal()                      // 기본 동작으로 실행
$('#myModal').modal({ keyboard: false })   // 키보드 없이 실행
$('#myModal').modal('show')                // 바로 실행하기
```

웹사이트를 제작하다 보면 부트스트랩만 가지고는 원하는 효과를 전부 만들 순 없습니다. 그런데 다른 UI 프레임워크 또는 다른 자바스크립트를 추가적으로 사용하면 자바스크립트끼리 충돌하여 작동하지 않는 경우가 있습니다. 이 경우에는 .noConflict를 추가하여 충돌을 방지해 줄 수 있습니다.

```
var bootstrapButton = $.fn.button.noConflict() // 변수에 $.fn.button을 넣습니다.
$.fn.bootstrapBtn = bootstrapButton // $().bootstrapBtn은 $().button을 대신합니다.
```

여기서 잠깐

API, 객체, 메소드, 이벤트

API는 프로그래밍 용어로서 어떤 제어를 하기 위한 코드의 모음이라고 생각하면 쉽습니다. 예를 들어, 위에서 마크업 API라는 용어를 사용하였는데 이 마크업 API는 자바스크립트의 동작을 마크업 언어로 제어를 하겠다는 뜻이고 그러한 코드 모음이 마크업 API라는 얘기입니다.

그리고 객체라는 것은 제어의 대상을 이야기 합니다. 사용자가 버튼을 누르거나 할 때 이 버튼이 객체가 됩니다.

메소드는 제어를 하는 구체적인 행위입니다. 예를 들어 버튼을 클릭하면 모달 윈도우를 뜨게 하는 기능이 있다면 이 기능을 구현해놓은 코드를 메소드라고 합니다.

마지막으로 이벤트는 프로그램에 가해지는 어떤 행위를 의미합니다. 예를 들어 사용자가 버튼을 클릭했다면, 클릭 이벤트가 발생한 것입니다.

부트스트랩에서 사용되는 이벤트 처리는 일반적인 자바스크립트의 이벤트 처리와 동일합니다. 특히 jQuery 기반으로 작동하기 때문에 사용 방법이 jQuery를 사용하는 것과 같습니다. 이후에 설명할 효과들에서 어떻게 이벤트를 처리하는지 살펴보도록 하겠습니다.

부트스트랩은 jQuery 이외의 다른 자바스크립 라이브러(Prototype 또는 jQuery UI와 같은)는 공식적으로 지원하지 않습니다. 따라서 Prototype 또는 jQuery UI는 호환성 문제 때문에 사용하지 않는 것이 좋습니다.

4.2 모달

모달은 이전에 팝업 윈도우를 사용했던 부분을 대체하는 가장 효율적이고 강력한 효과 중 하나입니다. 특히 사진 갤러리, 로그인 윈도우 등 웹사이트 본문에서 별도의 윈도우가 필요한 경우 모달을 적용해 주면 편리합니다.

가장 기본적인 모달 구조는 다음과 같습니다.

[예제 4-1] 모달 윈도우 기본 구조

```
<div class="modal fade">
  <div class="modal-dialog">
    <div class="modal-content">
      <div class="modal-header">
        <button type="button" class="close" data-dismiss="modal">
          <span aria-hidden="true">&times;</span>
          <span class="sr-only">Close</span>
        </button>
        <h4 class="modal-title">모달 제목</h4>
      </div>
      <div class="modal-body">
      <p>여기는 내용이 들어가는 곳</p>
      </div>
      <div class="modal-footer">
        <button type="button" class="btn btn-default" data-dismiss="modal">닫기
        </button>
        <button type="button" class="btn btn-primary">변경사항저장</button>
      </div>
    </div><!-- /.modal-content -->
  </div><!-- /.modal-dialog -->
</div><!-- /.modal -->
```

[예제 4-1]을 보면 모달 윈도우의 기본 구조는 다음과 같이,

```
<div class="modal fade"><div class="modal-dialog"><div class="modal-content">
```

3개의 구조로 구성되어 있으며, 나머지는 모달 윈도우의 내부 콘텐츠를 꾸며주는 역할을 하는 부분입니다. [예제 4-1]의 결과물은 [그림 4-1]과 동일합니다.

[그림 4–1] 모달 윈도우의 기본 모양 example/ch04/modal.html

실제 모달이 구동되려면 [예제 4-1]로는 작동하지 않습니다. 모달이 작동하기 위해서는 모달 윈도우 부분에 id 값을 적용하고(여기서는 myModal이라는 아이디 값을 적용하겠습니다) role="dialog"라는 속성을 적용합니다. 이것은 모달의 접근성(화면 리더기는 이 부분을 건너 뜁니다)을 위해서 추가하는 값입니다. 또한 aria-labelledby="myModalLabel"이라고 추가하여 모달의 타이틀을 지정합니다. 마지막으로 리더기로 하여금 "이 부분은 건너뛰어도 된다"라고 하기 위해서 aria-hidden="true"라는 속성을 추가해 줍니다.

따라서 [예제 4-1]에서 <div class="modal fade"> 부분은 다음과 같이 수정됩니다.

```
<div class="modal fade" id="myModal" tabindex="-1"role="dialog" aria-labelledby="myModalLabel" aria-hidden="true">
```

버튼 또는 링크를 클릭할 때 모달이 작동되게 처리하면 됩니다. 먼저 버튼을 이용해서 모달이 작동하게 하려면 버튼 태그에 data-toggle="modal" data-target="#myModal"이라는 속성을 추가합니다. data-toggle="modal"은 버튼 또는 링크를 토글할 때 모달이 작동하게 하는 것이고, data-target="#myModal"은 해당 아이디 값이 적용된 모달을 구동하는 것입니다. 여기서 모달 부분에 id="myModal"이라고 지정되어 있기 때문에 data-target="#myModal"이 되는 것입니다. id 값을 변경하면 data-target 부분도 동일하게 변경하면 됩니다.

모달이 작동되기 위한 버튼 코드는 다음과 같습니다.

```
<button class="btn btn-primary btn-lg" data-toggle="modal" data-target="#myModal">
   여기 클릭
</button>
```

모달은 버튼으로도 작동되기도 하지만, 링크를 이용해 작동되기도 합니다. 링크를 이용해서 모달이 작동될 때는 data-toggle="modal"은 링크 태그에도 필요하지만 data-target 부분은 href로 대체합니다. 따라서 버튼에서 data-target="#myModal" 부분은 href="#myModal"로 대체됩니다.

링크를 이용한 모달 구동 코드는 다음과 같습니다.

```
<a href="#myModal" data-toggle="modal">
   여기 클릭
</a>
```

모달은 기본 크기 이외에도 큰 모달과 작은 모달 이렇게 두 개의 크기로 구동할 수 있습니다. <div class="modal-dialog"> 이 부분에 modal-lg를 추가하면 큰 모달을, modal-sm을 추가하면 작은 모달이 생성됩니다. 모달 크기에 대한 자세한 내용은 [그림 4-2]의 소스를 참고하면 이해할 수 있을 겁니다.

기본 크기의 모달 윈도우 example/ch04/modal.html

큰 크기의 모달 윈도우 sample/1-4 /modal2.html

작은 크기의 모달 윈도우 example/ch04/modal2.html

[그림 4-2] 모달 윈도우의 크기 비교

모달은 기본적으로 구동될 때 애니메이션이 추가되는데, 이 애니메이션을 제거할 수도 있습니다. 기본 모달의 구조에서 `div class="modal fade"` 부분에서 `fade`를 제거하면 애니메이션이 제거됩니다. example/ch04/modal3.html을 실행하면 쉽게 이해할 수 있을 겁니다.

모달은 버튼을 또는 링크를 클릭하지 않고, 페이지가 열림과 동시에 띄울 수도 있습니다.

```
$('#myModal').modal(options)
```

위의 자바스크립트는 myModal이라는 id 값을 가진 모달 윈도우를 웹 페이지가 로딩하면서 동시에 구동하는 코드입니다. 이렇게 한 줄의 자바스크립트를 추가하면, 옵션값에 따라 설정을 바꿔줄 수 있습니다. 여기서 옵션 값은 자바스크립트뿐만 아니라 버튼 또는 링크에도 추가해 줄 수 있으며, `data-backdrop=""` 처럼 `data-`에 옵션 명을 추가하면 됩니다.

모달 옵션

[표 4-1] 모달 옵션 설명

옵션명	유형	기본	설명
backdrop	boolean	true	모달 배경을 포함합니다.
keyboard	boolean	true	Esc 키가 눌렸을 때 모달을 닫습니다.
show	boolean	true	초기화할 때 모달을 보여줍니다.
remote	path	false	만약 원격 URL이 제공된다면, 내용은 jQuery의 load를 통해 불러와 모달 요소에 삽입됩니다. 만약 data 속성 API를 사용한다면, URL을 href 속성에 명시할 수 있습니다. 아래와 같이 사용합니다. `<a data-toggle="modal" href="remote.html" data-target="#modal">Click me</a>`

부트스트랩에서 제공되는 모든 효과에는 메소드Method와 이벤트Event를 추가해 줄 수 있습니다. 즉 기본적으로 제공되는 효과 이외에 별도의 효과를 추가해 줄 때 메소드를 사용하는 것이고, 어떤 이벤트가 일어난 후 별도의 효과를 추가할 때 이벤트로 처리하는 것입니다.

메소드

.modal(options)

자바스크립트에서 .modal(options) 부분에 객체를 이용하여 옵션을 추가할 수 있습니다.

```
$('#myModal').modal({
  keyboard: false
})
```

위의 코드에서는 브라우저에서 페이지가 로딩되면서 모달이 구동되는데, 이때 옵션으로 키보드의 Esc 키를 눌러도 모달이 닫히지 않게 처리하는 것입니다.

example/ch04/modal.html을 실행해 보면 웹 페이지가 로딩되면서 바로 모달 윈도우가 실행되는 것을 알 수 있으며, 다른 모달과 달리 키보드 Esc 키를 눌러도 모달이 닫히지 않습니다.

.modal('toggle')

수동으로 모달을 토글(마우스를 클릭했다 뗀 상태)하여 조정할 수 있습니다. 모달을 호출하는 버튼을 누르면 모달이 열렸다가 다시 그 버튼을 누르면 모달이 닫히게 됩니다.

```
$('#myModal').modal('toggle')
```

.modal('show')

수동으로 모달을 엽니다.

```
$('#myModal').modal('show')
```

.modal('hide')

수동으로 모달을 닫습니다.

```
$('#myModal').modal('hide')
```

이벤트

부트스트랩의 모달 클래스는 모달의 기능적인 부분을 후킹하기 위한 이벤트를 제공합니다. 후킹을 하는 이유는 기본적인 모달 기능 이외에 추가적인 기능을 넣기 위함입니다.

(후킹: hooking이란 프로그래밍에서 함수를 호출하거나 메시지 또는 이벤트 등을 중간에 가로채서 바꾸는 방법을 말합니다. 이때 간섭된 함수 호출이나 이벤트 또는 메시지를 처리하는 코드를 후킹이라고 합니다)

이벤트	설명
show.bs.modal	show 라는 인스턴스 메소드가 호출되는 즉시 실행됩니다.
shown.bs.modal	모달이 사용자에게 보여졌을 때 실행됩니다(CSS가 전환 완료될 때까지 대기할 것입니다).
hide.bs.modal	hide 인스턴스 메소드가 호출되는 즉시 실행됩니다.
hidden.bs.modal	사용자에 의해 모달이 감춰지는 것이 끝났을 때 실행됩니다(CSS 속성이 실행 완료될 때까지 대기할 것입니다).
loaded.bs.modal	원격 옵션(remote option – 리모콘과 같은 작용을 하는)을 사용한 콘텐츠가 포함된 모달인 경우 즉시 실행됩니다.

여기서 잠깐

자바스크립트의 메소드는 "객체(object)가 가지고 있는 동작을 의미"합니다. 이 메소드는 클래스 메소드와 인스턴스 메소드로 나뉘는데, 클래스 메소드는 static이라는 키워드로 선언되어 있고, 인스턴스 메소드는 static으로 선언되지 않는 메소드를 의미합니다.

```
('#myModal').on('hidden.bs.modal', function (e) {
    // 모달이 사용자에 의해서 감춰지게 되면, 이 부분에 어떤 액션 또는 효과를 주는 자바스크립트를
    추가합니다.
})
```

모달 이벤트가 직접 동작하는 모습은 example/ch04/modal-event.html을 참조하세요.

4.3 드롭다운

드롭다운은 이미 3장에서 학습했었습니다. 다시 한번 복습하는 의미에서 드롭다운의 구조와 사용법을 간단하게 살펴보도록 하겠습니다. 드롭다운은 내비게이션 바와 탭형 내비게이션, 알약형 내비게이션 등 다양하게 사용 가능합니다.

가장 기본적인 드롭다운은 다음과 같은 코드로 구성됩니다. 가장 중요한 부분이 드롭다운이 적용될 버튼이나 링크 부분에 data-toggle="dropdown"를 추가해야 한다는 것입니다.

```
<div class="dropdown">
  <a data-toggle="dropdown"href="#">Dropdown trigger</a>
  <ulclass="dropdown-menu"role="menu" aria-labelledby="dLabel">
  ...
  </ul>
</div>
```

여기서 href="#" 부분을 data-target="#" href="현재페이지.html"로 변경하게 되면 URL 부분에 #이라는 허수값을 적용하지 않고 드롭다운을 처리할 수 있습니다.

```
<div class="dropdown">
  <a id="dLabel" role="button" data-toggle="dropdown" data-target="#" href="/
page.html">
    Dropdown <span class="caret"></span>
  </a>
  <ul class="dropdown-menu" role="menu" aria-labelledby="dLabel">
  ...
  </ul>
</div>
```

드롭다운의 경우 자바스크립트를 이용하여 호출할 때는 메소드 부분을 참조하기 바랍니다. 드롭다운 실행 예제는 example/ch04/dropdown.html을 참조하고 소스코드를 확인해 보기 바랍니다.

드롭다운은 별도의 옵션이 존재하지 않습니다.

메소드

$( ).dropdown('toggle')

주어진 내비게이션 바 또는 탭형 내비게이션 바에서 드롭다운을 토글합니다. 부트스트랩
웹사이트에서는 이렇게만 설명이 되어 있는데, 사실 이렇게 적용하면 토글이 되질 않습
니다. 이 부분은 다음과 같이 변경해 줘야만 작동합니다.

```
$('.dropdown-toggle').click(function(){
  $(this).next(".dropdown-menu").toggle();
});
```

자세한 메소드 관련 소스는 example/ch04/dropdown-method.html을 참조하시기
바랍니다.

이벤트

이벤트	설명
show.bs.dropdown	show 인스턴스 메소드가 호출되는 즉시 실행됩니다.
shown.bs.dropdown	드롭다운이 사용자에게 보여졌을 때 실행됩니다(CSS가 전환 완료될 때까지 대기할 것입니다).
hide.bs.dropdown	hide 인스턴스 메소드가 호출되는 즉시 실행됩니다.
hidden.bs.dropdown	사용자에 의해 드롭다운이 감춰지는 것이 끝났을 때 실행됩니다(CSS가 전환 완료될 때까지 대기할 것입니다).

```
$('#myDropdown').on('show.bs.dropdown', function () {
  // do something...
})
```

드롭다운 이벤트 예제는 example/ch04/dropdown-event.html을 참조하세요.

4.4 스크롤 스파이

스크롤 스파이는 요즘 유행하는 내비게이션 형태로서 현재 웹 페이지의 위치를 기반으로 내비게이션 바의 메뉴가 변하는 것입니다. 스크롤 스파이의 경우 4장 마지막에 언급되는 Affix와 결합하여 사용하는 경우가 많습니다.

웹 페이지 로딩 시 처음 메뉴1이 활성화 상태이고, 메뉴 1에 해당하는 내용이 보임

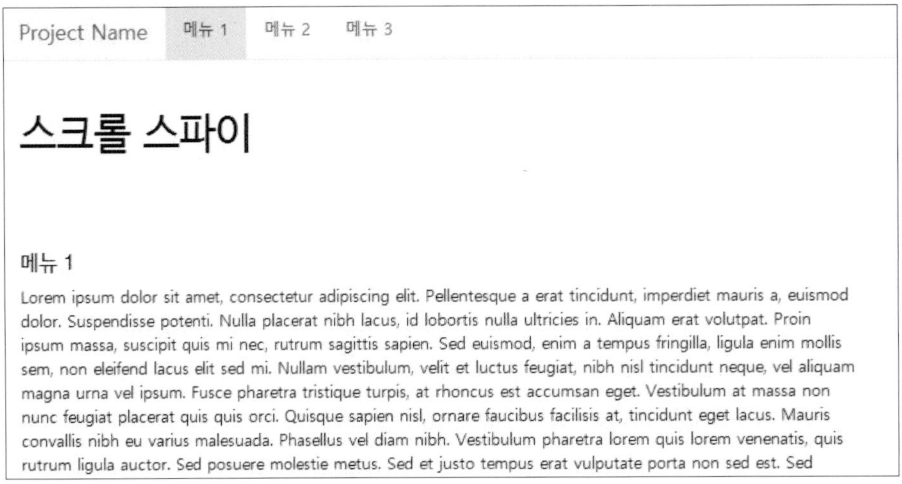

메뉴2를 클릭할 경우 메뉴2가 활성화 상태이고 메뉴 2가 보임

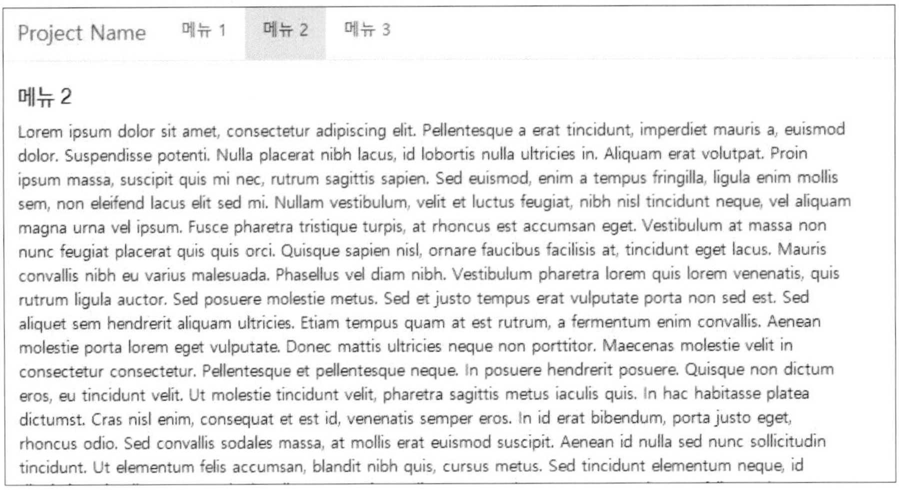

[그림 4-3] 스크롤 스파이 작동 모습. 여기서 예제 파일을 실행하여 웹 페이지의 스크롤을 움직이면 상단에 있는 메뉴들의 활성화 상태가 변하게 됨 example/ch04/scrollspy1.html

스크롤 스파이는 데이터 속성을 이용하는 방법과 자바스크립트를 이용하는 방법 두 가지가 있습니다.

데이터 속성을 이용한 방법

예제에서 보이는 스크롤 스파이는 일반적으로 body 태그 부분에 data-spy="scroll"을 추가합니다. 부트스트랩의 웹사이트에서 제공되는 예제 파일에서는 body 태그에 data-spy="scroll"이 적용되지 않고, 실제 스크롤이 일어나는 부분에 data-spy="scroll"이 적용되어 있습니다.

예제 example/ch04/scrollspy.html을 참조하기 바랍니다.

그리고 data-target 속성을 아이디 또는 클래스 선택자를 이용하여 data-spy="scroll"이 적용된 부분에 추가해 줍니다. 여기서 주의할 점은 스크롤 스파이가 적용되기 위해서는 body 부분에 CSS의 position:relative; 속성이 적용되어야 합니다.

스크롤 스파이의 전체적인 구성은 다음과 같은 구조를 지닙니다.

[예제 4-2] 스크롤 스파이의 일반적인 구조

```
<body data-spy="scroll" data-target="#navbar-example">
  ...
  <div id="navbar-example">
    <ul class="navnav-tabs" role="tablist">
    ...
    </ul>
  </div>
  ...
</body>
```

자바스크립트를 이용한 사용 방법

만약 body 태그 내부에 data-spy="scroll" data-target="#navbar-example"을 추가하지 않고 body 태그만 사용하겠다고 하는 경우에는 아래와 같이 한 줄의 자바스크립트를 이용해 처리할 수 있습니다.

```
$('body').scrollspy({ target: '#navbar-example' })
```

스크롤 스파이에서 주의할 점은 모든 링크에는 아이디 타겟이 있어야 합니다. 예를 들어 예제 파일 scrollspy1.html을 보면 <a href="#menu1">메뉴 1</a>의 아이디 타겟은 <h4 id="menu1">메뉴 1</h4>입니다. 문서 내부에 연결되는 부분이 있어야 스크롤 스파이가 제대로 작동하게 됩니다.

메소드

.scrollspy('refresh')

DOM에서 스크롤 스파이와 관련된 요소를 추가하거나 제거할 때, 다음과 같이 refresh 메소드를 호출할 필요가 있습니다:

```
$('[data-spy="scroll"]').each(function () {
  var $spy = $(this).scrollspy('refresh')
})
```

스크롤 스파이 메소드는 example/ch04/scrollspy-method.html을 참조하세요.

옵션

옵션은 데이터 속성이나 자바스크립트 둘 중 하나로 전달 가능합니다. 데이터 속성은 data-offset="" 처럼 data-에 옵션명을 추가하면 됩니다.

옵션명	종류	기본	설명
offset	number	10	스크롤의 위치를 계산할 때 보정 픽셀값

이벤트

이벤트	설명
activate.bs.scrollspy	이 이벤트는 스크롤 스파이에 의해 새로운 항목이 활성화 될 때마다 실행됩니다.

```
$('#myScrollspy').on('activate.bs.scrollspy', function () {
  // do something...
})
```

스크롤 스파이 이벤트는 example/ch04/scrollspy-event.html을 참조하기 바랍니다.

4.5 토글되는 탭

토글되는 탭은 가장 유용한 자바스크립트 중 하나입니다. 웹사이트의 프론트 페이지에 위치하는 뉴스 및 공지사항을 통합해서 사용할 수도 있고, 웹 페이지에서 많은 콘텐츠가 배치된 페이지를 깔끔하게 탭을 이용해 보여줄 수도 있기 때문에 필자도 즐겨 사용하는 효과 중 하나입니다.

토글되는 탭 구조는 단순합니다.

[예제 4-3] 토글되는 탭은 탭 HTML 구조

```html
<!-- 리스트 태그(ul, li) 부분이 탭을 담당하는 곳입니다. -->
<ul class="navnav-tabs">
  <li class="active"><a href="#home" data-toggle="tab">홈</a></li>
  <li><a href="#tab1" data-toggle="tab">탭 1</a></li>
  ...
</ul>
<!-- tab-content 부분은 콘텐츠가 들어가는 부분입니다. -->
<div class="tab-content">
  <div class="tab-pane active" id="home">...</div>
  <div class="tab-pane" id="tab1">...</div>
  ...
</div>
```

[예제 4-3]을 보면 토글되는 탭은 탭을 담당하는 부분과 탭의 내용이 나오는 부분 이렇게 두 개로 구성되어 있는 것을 알 수 있습니다. 먼저 '홈'이라고 되어 부분에는 li class="active" 즉 현재 활성화 상태로 되어 있고, 하단 콘텐츠의 '홈'에 해당 하는 부분에도 class="tab-pane active"가 되어 있는 것을 알 수 있습니다. 모든 탭에는 data-toggle="tab"이 적용되어 있으며, 콘텐츠 부분에는 class="tab-pane"이 적용되어 있습니다. 그리고 상단 탭 부분 링크는 #home, #tab1과 같이 아이디 선택자를 링크 처리했으며, 하단 콘텐츠 부분에는 id="home" id="tab1" 해당 아이디 선택자가 적용되어 있습니다.

토글되는 탭 부분에 약간의 효과를 줄 수 있는데, tab-content 내부에 있는 tab-pane 부분에 fade를 추가해 주면, fade 효과가 적용됩니다. 단 여기서 주의해야 할 것은 현재 active 상태인 부분에는 in이라는 클래스 선택자가 추가되어야 합니다.

[예제 4-4] 토글되는 탭에 fade 효과 추가 example/ch04/toggletab-fade.html

```
<div class="tab-content">
  <div class="tab-pane fade in active" id="home">...</div>
  <div class="tab-pane fade" id="tab1</div>
  ...
</div>
```

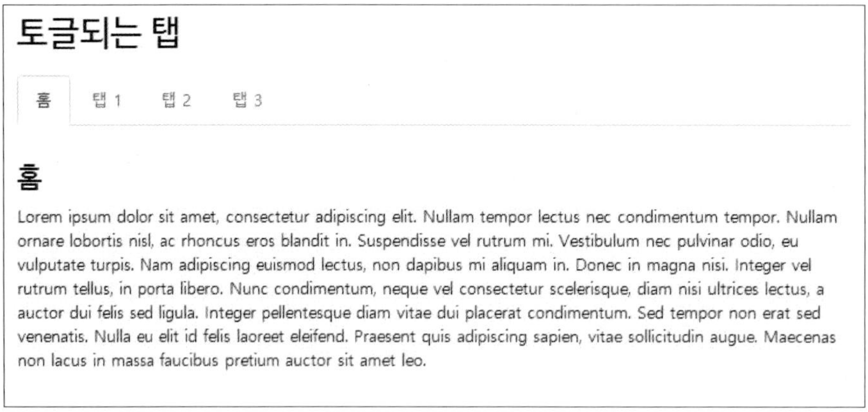

토글되는 탭
홈
탭 1
탭 2
탭 3
홈
Lorem ipsum dolor sit amet, consectetur adipiscing elit. Nullam tempor lectus nec condimentum tempor. Nullam ornare lobortis nisl, ac rhoncus eros blandit in. Suspendisse vel rutrum mi. Vestibulum nec pulvinar odio, eu vulputate turpis. Nam adipiscing euismod lectus, non dapibus mi aliquam in. Donec in magna nisi. Integer vel rutrum tellus, in porta libero. Nunc condimentum, neque vel consectetur scelerisque, diam nisi ultrices lectus, a auctor dui felis sed ligula. Integer pellentesque diam vitae dui placerat condimentum. Sed tempor non erat sed venenatis. Nulla eu elit id felis laoreet eleifend. Praesent quis adipiscing sapien, vitae sollicitudin augue. Maecenas non lacus in massa faucibus pretium auctor sit amet leo.

[그림 4-4] 토글되는 탭의 실제 작동 모습 example/ch04/toggletab.html

자바스크립트를 이용하면 토글되는 탭을 단순화할 수도 있습니다.

[예제 4-5] 자바스크립트를 이용하여 토글되는 탭을 단순화할 수 있다 example/ch04/toggletab-java.html

```
<ul class="navnav-tabs" id="myTab">
  <li><a href="#home">홈</a></li>
  <li><a href="#tab1">탭 1</a></li>
  ...
</ul>
<div class="tab-content">
  <div class="tab-pane" id="home">...</div>
  <div class="tab-pane" id="tab1">...</div>
  ...
</div>
...
<script src="../js/bootstrap.min.js"></script>
<script>
  $('#myTab a').click(function (e) {
    e.preventDefault()
    $(this).tab('show')
  })
```

```
    $('#myTab a:first').tab('show')
</script>
...
```

[예제 4-5]를 보면 HTML 코드와는 달리 탭을 담당하는 ul 부분에 myTab이라는 아이디 선택자를 적용해 주고 해당 아이디 선택자를 이용하여 자바스크립트 부분에서 해당 탭을 클릭하면 내용이 나타나게(show) 처리해 주었으며, myTab 부분에 있는 첫번째 링크 부분이 활성화 상태가 되도록 처리한 것을 알 수 있습니다.

이벤트

이벤트	설명
show.bs.tab	탭이 보여지기 전에 실행됩니다. 활성 탭과 이전 탭(있는 경우)을 event.target 과 event.relatedTarget으로 각각 사용합니다.
shown.bs.tab	탭이 보여지고 난 후 실행됩니다. 활성 탭과 이전 탭(있는 경우)을 event.target 과 event.relatedTarget으로 각각 사용합니다.

```
$('a[data-toggle="tab"]').on('shown.bs.tab', function (e) {
  e.target          // 활성화된 탭
  e.relatedTarget   // 이전 탭
})
```

토글되는 탭 이벤트 소스는 example/ch04/toggletab-event.html을 참조하기 바랍니다.

4.6 툴팁

툴팁은 Jason Frame이 만든 jQuery.tipsy(http://onehackoranother.com/projects/jquery/tipsy/)라는 플러그인에서 영감을 받아, 이미지를 사용하지 않고, CSS3 애니메이션을 사용하고, title 속성을 사용하는 부분이 업데이트된 버전입니다. 다음 그림을 보면 툴팁이 뭔지 알 수 있습니다.

[그림 4-5] 툴팁 작동 모습. 링크 또는 버튼 부분에 마우스 오버시 나타나는 부분을 툴팁이라고 한다.
example/ch04/tooltip.html

툴팁은 4가지 방향을 지정해 줄 수 있으며, 기본 방향은 [그림 4-5]에서 보는 것과 같이 상단에 표시됩니다. 소스 파일을 직접 실행해 보면, 각 툴팁이 어떻게 표시되는지 알수 있습니다. 툴팁은 bootstrap.js 파일과 별도의 자바스크립트를 적용해 줘야 합니다.

툴팁을 적용하기 위해서는 링크 또는 버튼 부분에 기본적으로 data-toggle="tooltip"과 title="내용"이 있어야 하며, 방향을 지정하고 싶은 경우 data-placement="left"와 같이 top, left, bottom, right를 지정해 줄 수 있습니다.

[예제 4-6] 툴팁 적용 소스 예제|example/ch04/tooltip.html

```
<div class="tooltip-test">
  <a href="#" data-toggle="tooltip" title="기본 툴팁">툴팁</a>
</div>
...
  <button type="button" class="btn btn-default" data-toggle="tooltip"
    data-placement="left" title="왼쪽">툴팁 왼쪽 </button>
  ...
<script src="../js/bootstrap.min.js"></script>
<script>
  $(".tooltip-test a, .tooltip-test button").tooltip();
</script>
...
```

[예제 4-6]을 보면 별도의 자바스크립트를 이용해서 툴팁에 해당하는 클래스 선택자 부분에 툴팁이 작동되게 적용이 되어 있습니다. 이 부분은 별도의 선택자로 개별적으로 적용해 줄 수도 있지만 $("[data-toggle='tooltip']").tooltip();와 같이 data-toggle='tooltip'이 적용된 모든 부분에 tooltip()이 적용되게끔 처리할 수도 있습니다(example/ch04/tooltip1.html 참조).

메소드

툴팁의 메소드는 $().tooltip(options)와 같이 적용할 수 있습니다.

메소드	설명	예제
.tooltip(options)	해당 요소(element)에 툴팁을 붙입니다.	.tooltip(options)
.tooltip('show')	해당 요소(element)에 툴팁을 보여줍니다.	$('#element').tooltip('toggle')
.tooltip('hide')	해당 요소(element)에 툴팁을 감춥니다.	$('#element').tooltip('show')
.tooltip('toggle')	해당 요소(element)에 툴팁을 토글합니다.	$('#element').tooltip('hide')
.tooltip('destroy')	해당 요소(element)에 툴팁을을 제거합니다.	$('#element').tooltip('destroy')

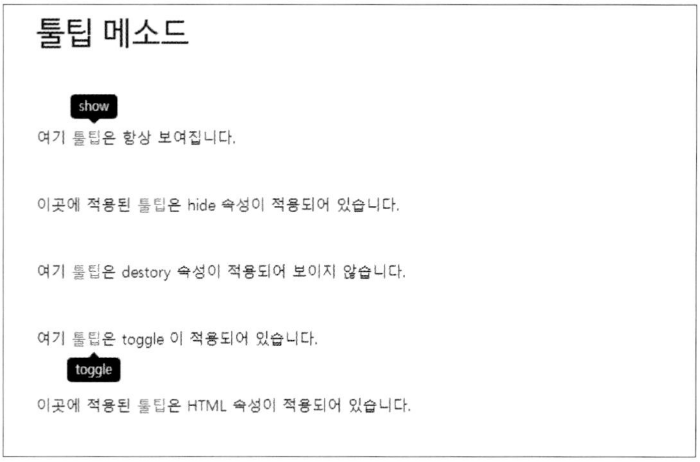

[그림 4-6] 툴팁 메소드가 적용된 샘플 파일 example/ch04/tooltip-method.html

이벤트

이벤트	설명
show.bs.tooltip	show 인스턴스 메소드가 호출되는 즉시 실행됩니다.
shown.bs.tooltip	툴팁이 사용자에게 보여진 후 실행됩니다(CSS가 전환 완료될 때까지대기할 것입니다).
hide.bs.tooltip	hide 인스턴스 메소드가 호출되는 즉시 실행됩니다.
hidden.bs.tooltip	툴팁이 사용자로부터 가려진 후 실행됩니다(CSS가 전환 완료될 때까지 대기할 것입니다).

```
$('#myTooltip').on('hidden.bs.tooltip', function () {
  // do something...
})
```

툴팁 이벤트 실제 작동 예제는 example/ch04/tooltip-event.html을 참조하기 바랍니다.

4.7 팝오버

팝오버는 팁과 동일한 효과를 구현하지만, 더 많은 내용을 보여줄 수 있습니다. 특히 제목title까지 보여줄 수 있기 때문에 도움말 페이지와 같이 용어들이 포함되어 있는 경우 유용하게 사용할 수 있습니다. 팝오버는 툴팁 플러그인이 반드시 포함되어야 작동합니다. 따라서 맞춤화Customize 페이지에서 팝오버 플러그인만 필요한 경우에도 툴팁 플러그인까지 포함해야만 작동합니다.

팝오버 또한 툴팁과 동일하게 상단, 우측, 하단, 좌측 이렇게 4개의 방향을 지정해 줄 수 있습니다.

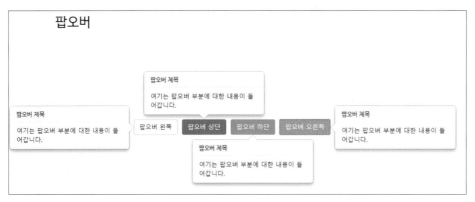

[그림 4-7] 팝오버 작동 모습 example/ch04/popover.html

팝오버의 사용법은 툴팁과 매우 유사합니다. 툴팁에서는 title="여기 내용" 이러고 title에 있는 내용만 보여준 반면, 팝오버는 title 부분은 제목으로 처리되고 data-container="body"라고 처리되어 있는 부분과 data-content="여기 내용" 부분을 이용해서 팝오버의 내용을 처리해 줄 수 있습니다. 소스를 간단하게 보면 다음과 같습니다.

```
...
  <button type="button" class="btn btn-default" title="팝오버 제목"
    data-container="body"
    data-toggle="popover" data-placement="left"
    data-content="여기는 팝오버 부분에 대한 내용이 들어갑니다.">팝오버 왼쪽
  </button>
...
<script>
  $(".btn").popover();
</script>
...
```

[예제 4-7]을 보면 버튼 부분에 팝오버가 적용되어 있는 모습과 하단에 자바스크립트를 이용해 해당 클래스 선택자 부분에 팝오버가 작동하게 처리된 상태입니다.

옵션

다른 자바스크립트와 동일하게 data 속성은 data-animation=""과 동일하게 data-에 옵션명을 추가하면 됩니다. 옵션 내용은 한글 부트스트랩에 있는 내용을 참조하시기 바랍니다.

메소드

메소드	설명	사용 예
.popover(options)	해당 요소(element)에 팝오버를 초기화합니다.	$().popover(options)
.popover('toggle')	해당 요소(element)에 팝오버를 토글합니다.	$('#element').popover('toggle')
.popover('show')	해당 요소(element)에 팝오버를 보여줍니다.	$('#element').popover('show')
.popover('hide')	해당 요소(element)에 팝오버를 감춥니다.	$('#element').popover('hide')
.popover('destroy')	해당 요소(element)에 팝오버를 제거합니다.	$('#element').popover('destroy')

[그림 4-8] 팝오버 메소드를 이용한 예제 example/cho4/popover-method.html

이벤트

이벤트	설명	사용 예

show.bs.popover	show 인스턴스 메소드가 호출되는 즉시 실행됩니다.	```$('#mypopover').on('show.bs.popover', function () {```
		``` // do something...```
		```})```

shown.bs.popover	팝오버가 사용자에게 보여진 후 실행됩니다(CSS가 전환 완료될 때까지 대기할 것입니다).	```$('#mypopover').on('shown.bs.popover', function () {```
		``` // do something...```
		```}```

hide.bs.popover	hide 인스턴스 메소드가 호출되는 즉시 실행됩니다.	```$('#mypopover').on('hide.bs.popover', function () {```
		``` // do something...```
		```})```

hidden.bs.popover	툴팁이 사용자로부터 가려진 후 실행됩니다(CSS가 전환 완료될 때까지 대기할 것입니다).	```$('#mypopover').on('hidden.bs.popover', function () {```
		``` // do something...```
		```})```

[그림 4-8] 팝오버 이벤트를 이용한 예제 example/ch04/popover-event.html

4.8 경보

경보는 사용자들에게 경고의 메시지 또는 중요한 내용을 알릴 때 사용됩니다. 경보는 메시지 박스 부분과 경보 창을 닫는 부분으로 구성되어 있습니다.

[예제 4-8] 경보 적용 소스 예제   example/ch04/alert.html

```
...
<div class="alert alert-danger">
  <a href="#" class="close" data-dismiss="alert">&times; </a>
  <strong>경고!</strong> 사용하시는 네트워크에 문제가 있어 웹사이트가 제대로 구동되지
않았습니다. </div>
</div>
...
```

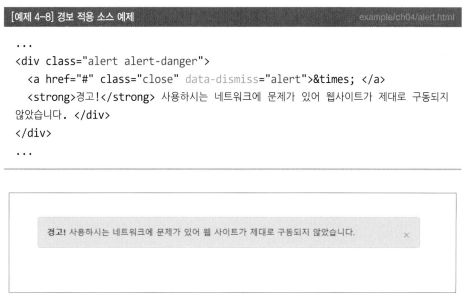

[그림 4-9] 경보 작동 모습

[예제 4-8]에서 보면 경보는 .alert라는 클래스 선택자와 해당 경보 창의 색상을 결정하는 alert-danger로 구성되어 있는데, alert-danger 부분은 -danger, -success, --info, -warning, -primary와 같이 여러 색상으로 구성할 수 있습니다. 경보 창을 닫는 부분은 .close 선택자와 data-dismiss="alert"로 구성되어 경보창을 닫는 역할을 합니다.

경보는 별도의 자바스크립트를 추가하지 않고 마크업 API만으로 작동합니다. 하지만 메소드와 이벤트를 추가하려면, 다음과 같은 별도의 자바스크립트가 있어야 합니다.

```
$(".alert").alert()
```

경보 창을 닫는데, 애니메이션을 추가하려면 `.fade`와 `.in`이라는 클래스 선택자를 추가하면 됩니다(example/ch04/alert-fade.html 참조).

메소드

메소드	설명	사용 예
`.alert()`	경보에 닫기 기능을 추가합니다.	`$('#identifier').alert();`
`.alert('close')`	여러 개의 경보창을 한꺼번에 닫는 역할을 합니다.	`$('#identifier').alert('close');`

메소드와 관련된 예제는 example/ch04/alert-method.html과 example/ch04/alert-method1.html의 예제를 참조하기 바랍니다.

이벤트

이벤트	설명	사용 예

`close.bs.alert`	close 인스턴스 메소드가 호출되는 즉시 실행됩니다.	`$('#myalert').bind('close.bs.alert', function () {`
		`  // do something...`
		`})`

`closed.bs.alert`	경보가 닫힌 후 실행됩니다(CSS가 전환 완료될 때까지 대기할 것입니다).	`$('#myalert').bind('closed.bs.alert', function () {`
		`  // do something...`
		`})`

이벤트와 관련된 예제는 example/ch04/alert-event.html을 참조하기 바랍니다.

4.9 버튼

부트스트랩에서의 버튼은 많은 작업을 처리할 수 있습니다. 페이지의 로딩을 알려 줄 수도 있고, 버튼의 토글 상태를 확인할 수도 있으며, 체크박스와 라디오 버튼과 같은 역할도 할 수도 있습니다.

로딩 버튼

버튼을 누르면 "로딩중…" 또는 사용자가 지정한 메시지가 출력되게 처리할 수 있습니다.

```
<button  id="loading" class="btn btn-primary" data-loading-text="로딩 중..."
type="button">
    로딩 상태
</button>
```

코드에서 **data-loading-text="로딩 중..."** 부분이 로딩중…이라는 메시지를 처리하는 곳이며, 버튼의 현재 상태는 "로딩 상태"라고 표시되어 있습니다.

이 부분에 아래와 같이 자바스크립트를 적용해야 "로딩중…"이란 메시지가 출력됩니다.

버튼에 **#loading**이라는 아이디 선택자를 적용해 줬는데, 자바스크립트에서 해당 아이디 선택자를 클릭했을 때 3초동안 loading 상태로 처리하고 다시 리셋한다는 의미입니다.

```
<script>
  $("#loading").click(function(){
    $(this).button('loading').delay(3000).queue(function() {
      $(this).button('reset');
    });
  });
</script>
```

[그림 4-10] 좌: 버튼 누르기 전 / 우: 버튼 누른 후 모습 example/ch04/button.html

단일 토글

단일 토글이란 버튼을 한번 눌렀을 때 버튼이 활성화 되는 버튼을 말합니다. 단일 토글은 버튼에 **data-toggle="button"**이란 속성을 추가해 주면 되며, 별도의 자바스크립트는 필요 없습니다.

```
<button type="button" class="btn btn-primary" data-toggle="button">
  단일 토글
</button>
```

체크박스

체크박스는 폼에서 체크박스가 하는 역할과 동일한 역할을 하는 버튼을 말합니다. 여러 개의 버튼을 동시에 활성화 시킬 수 있는 버튼이 체크박스입니다. 체크박스는 체크박스를 모아놓은 btn-group에 data-toggle="button"을 적용하면 됩니다. 여기서 체크박스를 처리하는 부분의 input type은 checkbox를 적용해야 합니다.

```
<div class="btn-group" data-toggle="buttons">
  <label class="btn btn-primary">
    <input type="checkbox"> 옵션 1
  </label>
  ...
</div>
```

라디오

라디오는 체크박스와 달리 여러 개의 버튼 중 하나만 선택할 수 있는 버튼을 의미합니다. 체크박스와 동일하게 btn-group에 data-toggle="button"을 적용하며, 라디오가 적용되는 부분에 input type은 radio로 지정해야 합니다.

```
<div class="btn-group" data-toggle="buttons">
  <label class="btn btn-primary">
    <input type="radio" name="options" id="option1"> 옵션 1
  </label>
  ...
</div>
```

메소드

메소드	설명	사용예
.button('toggle')	눌림 상태를 토글합니다. 버튼은 활성화 된 것처럼 보여집니다.	$().button('toggle')
.button('loading')	버튼을 로딩 상태로 설정합니다. 버튼을 비활성화 하고 버튼 문구를 로딩 문구로 교체합니다. 로딩문 구는 data-loading-text 속성을 사용합니다.	$().button('loading')
.button('reset')	버튼 상태를 되돌립니다. 버튼 문구를 원래 문구로 교체합니다.	$().button('reset')
.button(string)	버튼 상태를 data-*-text에 정의된 문구로 교체 합니다.	$().button(string)

버튼 메소드와 관련된 예제는 example/ch04/button-method.html을 참조하기 바랍니다.

4.10 컬랩스

컬랩스는 제목을 클릭하면 해당 내용이 펼쳐지고, 다른 내용은 접히는 특수효과를 말합니다. 작동하는 모습이 아코디언 같다고 해서 아코디언 효과라고도 합니다. 컬랩스는 웹사이트에서 FAQ 또는 도움말 부분에 적용하면 아주 좋은 효과를 얻을 수 있습니다. 컬랩스는 jQuery를 이용해서 동일한 효과를 내는 플러그 인들이 꽤 많이 있습니다. 부트스트랩에서는 간단하게 동일한 효과를 내기 때문에 사용하기가 기존 플러그인들보다 편리합니다.

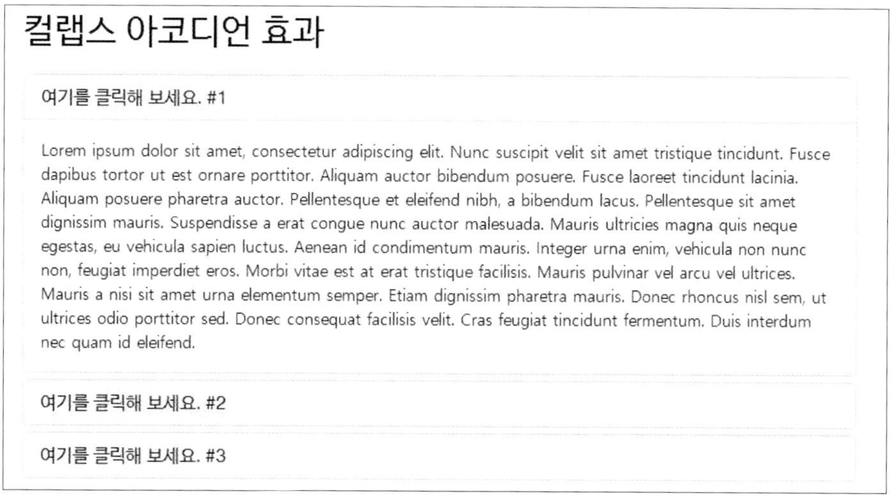

컬랩스 아코디언 효과

여기를 클릭해 보세요. #1

Lorem ipsum dolor sit amet, consectetur adipiscing elit. Nunc suscipit velit sit amet tristique tincidunt. Fusce dapibus tortor ut est ornare porttitor. Aliquam auctor bibendum posuere. Fusce laoreet tincidunt lacinia. Aliquam posuere pharetra auctor. Pellentesque et eleifend nibh, a bibendum lacus. Pellentesque sit amet dignissim mauris. Suspendisse a erat congue nunc auctor malesuada. Mauris ultricies magna quis neque egestas, eu vehicula sapien luctus. Aenean id condimentum mauris. Integer urna enim, vehicula non nunc non, feugiat imperdiet eros. Morbi vitae est at erat tristique facilisis. Mauris pulvinar vel arcu vel ultrices. Mauris a nisi sit amet urna elementum semper. Etiam dignissim pharetra mauris. Donec rhoncus nisl sem, ut ultrices odio porttitor sed. Donec consequat facilisis velit. Cras feugiat tincidunt fermentum. Duis interdum nec quam id eleifend.

여기를 클릭해 보세요. #2

여기를 클릭해 보세요. #3

[그림 4-11] 컬랩스 효과 example/ch04/collapse.html

[그림 4-11]에서 보면 컬랩스는 크게 두 부분으로 나뉘어져 있습니다. 제목이 있는 부분과 내용이 있는 부분인데, 소스코드 또한 두 부분으로 나뉘어져 있는 것을 알 수 있습니다.

```
<div class="panel-group" id="accordion">
  <div class="panel panel-default">
    <div class="panel-heading">
      <h4 class="panel-title">
        <a data-toggle="collapse" data-parent="#accordion" href="#collapseOne">
        여기를 클릭해 보세요. #1
        </a>
      </h4>
    </div>
    <div id="collapseOne" class="panel-collapse collapse in">
      <div class="panel-body">
        본문 내용
      </div>
    </div>
  </div>
  ...
</div>
```

<div class="panel-group" id="accordion">을 이용해서 컬랩스가 적용되는 전체를 감쌉니다. 개별 컬랩스는 <div class="panel panel-default">로 감싸게 됩니다. 내부에는 .panel-heading과 .panel-body가 따로 존재하는데, .panel-heading 내부에 다시 .panel-title로 제목 부분을 감싸게 됩니다.

.panel-title 부분에는 컬랩스를 작동해 주는 링크가 있는데, 이 링크 태그 내부에 data-toggle="collapse"를 적용해야 하며, data-parent="#accordion"는 현재 컬랩스의 부모 아이디 선택자를 지정해 줘야 합니다. 컬랩스 전체를 감싸는 태그에 id="accordion"이 들어가 있는 부분을 지정해 주는 것입니다.

그리고 href="#collapseOne"를 지정해 주는 것은 .panel-body를 감싸는 부분에 id="collapseOne"로 지정되어 있기 때문입니다. 즉 .panel-body를 감싸는 부분에 지정된 아이디 선택자의 이름이 동일해야 제대로 작동되는 것입니다. id="collapseOne"로 지정된 부분에는 추가적으로 class="panel-collapse collapse"를 지정해 주면 되는 것이며, 가장 처음에 지정하는 컬랩스 부분에는 .in을 추가해서 첫 부분에 해당하는 컬랩스만 펼쳐있게 처리할 수 있습니다. 만약 모든 컬랩스가 닫혀져 있길 원하면 .in 선택자를 빼주면 됩니다. 얼핏 코드가 복잡해 보일 수도 있지만, 분해해서 보면 아주 간단한 구조로 구성되어 있습니다.

컬랩스는 이렇게 panel-group으로 사용할 수도 있지만 버튼을 이용해서 개별적으로 작동하게 처리할 수도 있습니다. 개별 버튼을 이용하는 것은 코드가 아주 간단합니다.

[예제 4-10] 컬랩스 단일 버튼 소스   example/ch04/collapse-button.html

```
<button type="button" class="btn btn-success" data-toggle="collapse"
data-target="#demo">
    여기를 클릭하면 내용이 보입니다.
</button>
<div id="demo" class="collapse">...</div>
```

[예제 4-10]을 보면 컬랩스가 적용되는 버튼에 data-toggle="collapse"가 적용되어 있고, data-target="#demo"로 해당 컬랩스가 적용되는 부분을 지정했습니다. 내용이 들어가는 부분에는 id="demo"와 class="collapse"를 적용하였습니다.

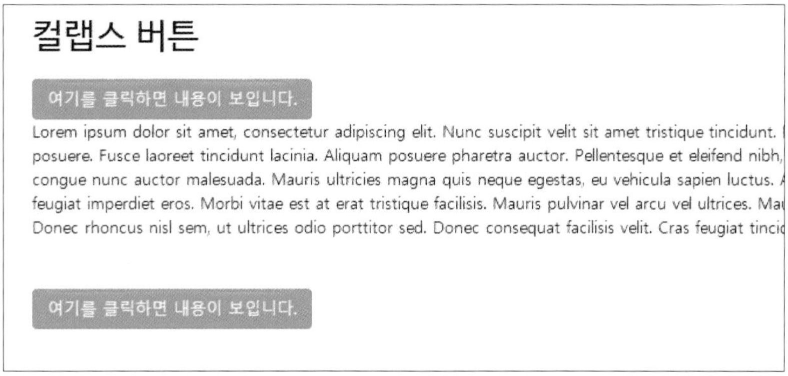

[그림 4-12] 단일 버튼을 이용한 컬랩스 효과

메소드

메소드	설명	사용예
.collapse(options)	접을 수 있는 요소를 활성화합니다.	`$('#identifier').collapse({` `  toggle: false` `})`
.collapse('toggle')	접을 수 있는 요소를 보여주거나 감춥니다.	`$('#identifier').collapse('toggle')`

메소드	설명	사용예
.collapse('show')	접을 수 있는 요소를 보여줍니다.	$('#identifier').collapse('show')
.collapse('hide')	접을 수 있는 요소를 가립니다.	$('#identifier').collapse('hide')

메소드 관련 예제는 example/ch04/collapse-method.html을 참조하기 바랍니다.

이벤트

이벤트	설명	사용 예

show.bs.collapse	이 이벤트는 show 인스턴스 메소드가 호출되는 즉시 실행됩니다.	`$('#identifier').on('show.bs.collapse', function () {`
		`  // do something...`
		`})`

shown.bs.collapse	이 이벤트는 컬랩스 요소가 사용자에게 보여진 후 실행됩니다	`$('#identifier').on('shown.bs.collapse', function () {`
		`  // do something...`
		`})`

hide.bs.collapse	이 이벤트는 hide 인스턴스 메소드가 호출되는 즉시 실행됩니다.	`$('#identifier').on('hide.bs.collapse', function () {`
		`  // do something...`
		`})`

hidden.bs.collapse	이 이벤트는 컬랩스 요소가 사용자로부터 가려진 후 실행됩니다	`$('#identifier').on('hidden.bs.collapse', function () {`
		`  // do something...`
		`})`

이벤트 관련 예제는 example/ch04/collapse-event.html을 참조하기 바랍니다.

4.11 캐러셀

요즘 가장 많이 사용하는 자바스크립트 효과입니다. 주로 웹사이트의 메인화면에 적용되며, 이미지 또는 메시지를 순차적으로 슬라이드 시켜주는 역할을 하는 자바스크립트입니다. 현재 인터넷에서 비슷한 효과를 내주는 플러그인들이 많이 있는데, 필자가 사용해 본 플러그인 중 가장 코드가 간단한 플러그인 중 하나입니다. 소스코드를 확인해 보겠습니다.

```html
<div id="carousel-example-generic" class="carousel slide">
  <!-- 이미지 하단에 있는 동그란 인디케이터 -->
  <ol class="carousel-indicators">
    <li data-target="#carousel-example-generic" data-slide-to="0"
class="active"></li>
    <li data-target="#carousel-example-generic" data-slide-to="1"></li>
    <li data-target="#carousel-example-generic" data-slide-to="2"></li>
  </ol>

  <!-- 이미지 들어가는 부분 -->
  <div class="carousel-inner">
    <div class="item active">
      <img src="./slide1.jpg" alt="First slide">
    </div>
    <div class="item">
      <img src="./slide2.jpg" alt="Second slide">
    </div>
    <div class="item">
      <img src="./slide3.jpg" alt="Third slide">
    </div>
  </div>
<!-- 컨트롤러 부분 -->
  <a class="left carousel-control" href="#carousel-example-generic" data-
slide="prev">
    <span class="icon-prev"></span>
  </a>
  <a class="right carousel-control" href="#carousel-example-generic"
data-slide="next">
    <span class="icon-next"></span>
  </a>
</div>
```

[예제 4-11]에서 보면 캐러셀 효과를 내는 부분은 사실 이미지가 들어가는 부분만 있어도 작동합니다. 먼저 캐러셀 전체를 감싸는 `<div id="carousel-example-generic" class="carousel slide">...</div>`이 필요하고, 내부에 `<div class="carousel-inner">...</div>`로 다시 감싼 후 `<div class="item"><img src="이미지"></div>...</div>`를 넣어주면 핵심적인 부분은 다 적용된 것입니다. 여기에 인디케이터와 컨트롤러 부분을 추가하면 [그림 4-13]과 같은 결과를 얻을 수 있습니다. 특히 인디케이터는 이미지의 수와 동일하게 만들어줘야 합니다.

[그림 4-13] 캐러셀 슬라이드 결과 화면

[그림 4-13]에서 좌우에 있는 컨트롤러가 너무 작다고 판단되면, 이 부분은 glyphicon을 이용해서 바꾸거나 사용자가 직접 별도의 이미지를 만들어서 바꿔줄 수도 있습니다.

glyphicon을 이용한 예제는 example/ch04/carousel-glyphicon.html을 참조하기 바랍니다.

필자가 직접 이미지를 이용해 변형한 예제는 example/ch04/carousel-custom.html을 참조하기 바랍니다.

또한 <div class="item">...</div> 내부에 <div class="carousel-caption"> 텍스트 들어감 </div>를 이용해서 캡션을 추가해 줄 수도 있습니다. 캡션은 HTML 태그를 넣어서 만들어 줄 수 있으며, 자동으로 중앙 정렬 됩니다.

캡션이 들어간 예제는 example/ch04/carousel-caption.html을 참조하기 바랍니다.

캐러셀을 작동하기 위해서는 반드시 아래의 자바스크립트가 추가되어야 슬라이드가 작동합니다.

```
$('.carousel').carousel()
```

옵션

캐러셀에 적용되는 옵션으로 캐러셀에서는 자바스크립트에 사용하는 것이 편리합니다.

이름	자료형	기본값	설명
interval	number	5000	자동으로 항목이 순환될 때 지연 시간. 만약 false이면, 캐러셀은 자동으로 순환되지 않습니다.
pause	string	"hover"	마우스가 올라오면 캐러셀의 순환을 멈추고, 마우스가 벗어나면 캐러셀의 순환을 재개합니다.
wrap	Boolean	true	케러셀이 계속 순환할지 멈출지 결정

메소드

메소드	설명	사용예
.carousel(options)	캐러셀을 초기화하고 항목들을 순환시킵니다.	`$('#identifier').carousel({ interval: 2000 })`
.carousel('cycle')	캐러셀 항목을 좌에서 우로 순환시킵니다.	`$('#identifier').carousel('cycle')`
.carousel('pause')	항목을 순환하는 캐러셀을 멈춥니다.	`$('#identifier')..carousel('pause')`
.carousel(number)	특정한 프레임으로 캐러셀을 순환합니다(0 부터 시작).	`$('#identifier').carousel(number)`
.carousel('prev')	이전 항목으로 이동합니다.	`$('#identifier').carousel('prev')`
.carousel('next')	다음 항목으로 이동합니다.	`$('#identifier').carousel('next')`

캐러셀 메소드 예제는 example/ch04/carousel-method.html을 참조하기 바랍니다.

이벤트

이벤트	설명
slide.bs.carousel	이 이벤트는 slide 인스턴스 메소드가 적용되는 즉시 실행됩니다.
slid.bs.carousel	이 이벤트는 캐러셀이 슬라이드 전환을 완료할 때 실행됩니다.

캐러셀 이벤트는 example/ch04/carousel-event.html을 참조하기 바랍니다.

4.12 Affix 효과

자바스크립트의 마지막은 Affix 효과입니다. Affix 효과는 영문 및 한글 부트스트랩 웹사이트에서 사용되고 있는데, 화면 왼쪽(한글) 또는 오른쪽(영문)에 배치되어 있는 사이드바 내비게이션이 Affix 효과를 이용한 것입니다. 화면을 스크롤 하더라도 사이드 바 내비게이션은 고정되어 있습니다. 흔히 fixed 메뉴라고 구글에서 검색하면 유사한 효과를 내는 플러그인들이 존재합니다.

Affix를 적용하는 방법은 간단합니다. 고정하려는 부분에 **data-spy="affix"**를 추가하면 됩니다. Affix는 단독으로 사용하는 것보다 스크롤 스파이와 같이 사용하게 되면 효과가 더욱 좋습니다.

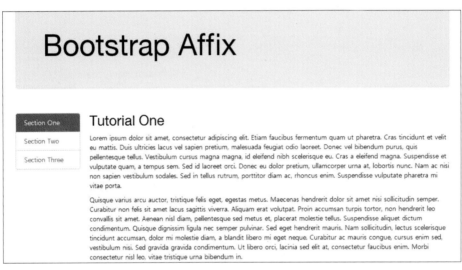

[그림 4-14] Affix가 적용된 모습 example/ch04/affix.html

이 예제는 스크롤 스파이와 같이 만들어 본 예제입니다. 소스 파일은 별도의 스타일 css이 적용되어 있습니다.

Affix는 별도의 옵션으로 **data-offset-top**과 **data-offset-bottom**을 지정해 줄 수 있습니다. 이 두 옵션은 동시에 적용할 수도 있습니다. **data-offset-top**이 하는 역할은 화면이 스크롤될 때, 화면 위치를 계산해서 언제부터 고정이 되는지 알려주는 역할을 합니다. 만약 **data-offset-top**에 값을 지정하지 않게 되면 Affix가 적용된 메뉴는 화면 상단에 고정되어 버릴 것입니다. 직접 [그림 4-14]에 적용된 예제 파일을 수정해 보시고, 결과를 확인해 보기 바랍니다.

Affix는 별도의 자바스크립트 없이 마크업 API만으로 동작합니다. 자바스크립트를 사용할 경우에는 HTML 태그를 보다 간단하게 만들 수도 있습니다. 자바스크립트가 적용된 예제는 example/ch04/affix-java.html을 참조하기 바랍니다.

여기까지 부트스트랩에서 사용하는 자바스크립트에 대해서 학습을 했습니다. 자바스크립트는 CSS 그리고 컴포넌트와는 달리 약간의 프로그래밍 지식이 필요하기도 합니다. 하지만 부트스트랩에서 제공되는 자바스크립트는 가져다 쓰는 개념으로 이해를 한다면 조금은 쉽게 이해할 수 있을 겁니다. 2부에서 다양한 예제를 통해 실제 웹사이트를 만들 때 사용하는 요령을 알려드리도록 하겠습니다.

2부

부트스트랩을 이용한
사이트 제작

2부에서는 1부에서 학습한 부트스트랩을 이용하여 실제 작동하는 사이트를 만들어 보도록 하겠습니다. 부트스트랩 없이 사이트를 제작하려면, 아주 기초적인 HTML 코드부터 CSS 디자인 그리고 자바스크립트를 처음부터 일일이 입력해야 하지만, 부트스트랩을 사용하게 되면 부트스트랩에서 제공되는 CSS와 컴포넌트 그리고 자바스크립트를 이용하여 빠르고 편리하게 사이트를 개발할 수 있습니다.

필자 또한 부트스트랩을 사용하기 전에는 모든 HTML과 CSS 코드를 일일이 하나씩 입력하고 속성을 지정했지만, 부트스트랩을 사용하게 되면서 이런 기초적인 작업은 건너뛰고 바로 사이트를 제작할 수 있어 사이트 개발 기간이 50% 이상 단축되었습니다. 2부 5장에서는 요즘 유행하는 싱글 페이지(Single Page) 웹사이트를 부트스트랩을 이용해서 제작해 보고, 6장에서는 다양한 형태의 반응형 웹사이트를 만들어 봄으로써 실제 부트스트랩을 이용하여 사이트를 제작하는 방법을 알려드리도록 하겠습니다.

싱글 페이지 웹사이트 제작

5장에서는 싱글 페이지 웹사이트를 제작하겠습니다. 우선 부트스트랩을 완벽하게 사용하기 위해서는 HTML5와 CSS3에 대한 아주 정확한 지식이 있어야 합니다. 만약 HTML5와 CSS3에 대한 지식이 없다면, 2부에서 말하는 내용의 거의 대부분은 이해할 수 없을 지도 모릅니다. 만약 기조 지식이 부족하다고 판단한다면, 필자가 쓴 〈처음부터 다시 배우는 HTML5 & CSS3〉(로드북, 2013)라는 책을 참고하고 학습을 진행하면 보다 쉽게 학습할 수 있을 겁니다.

싱글 페이지 웹사이트는 요즘 외국에서 유행하는 웹사이트 기법 중 하나로, 이전에는 웹사이트가 여러 페이지로 구성된 반면, 싱글 페이지는 단 한 페이지로 완벽하게 웹사이트의 기능을 하는 것을 말합니다. 싱글 페이지의 장점은 단 하나의 페이지만 사용하기 때문에 제작이 쉽고 효율적으로 페이지를 구성할 수 있으며 디자인 또한 편리합니다. 싱글 페이지 웹사이트라고 하지만, 실제 동작하는 모습을 보면 마치 여러 페이지로 구성된 사이트처럼 보이며 다양한 애니메이션과 관련 스크립트를 적용하게 되면 아주 역동적으로 보이게 됩니다. 이 책에서 예제로 제공되는 싱글 페이지는 실제 사용되는 사이트입니다. 참고로 이 예제는 학습을 위해 개인적인 용도로 사용하는 경우에는 무관하지만 웹사이트 템플릿 등으로 만들어서 재판매하거나 상업적인 목적의 판매는 원칙적으로 금지합니다. 다만 싱글 페이지를 응용해서 다른 디자인과 다른 레이아웃을 구성한 경우에는 상업적인 이용도 가능합니다.

5.1 디자인 레이아웃 구성하기

싱글 페이지 웹사이트는 하나의 페이지로 구성되기 때문에 레이아웃은 여러 페이지로 구성된 페이지보다 구성에서 조금은 더 신경을 써 줄 필요가 있습니다. 한 페이지에 여러 페이지로 구성된 듯한 느낌을 줘야 하기 때문에 각 섹션 별로 구분을 하거나 배경을 다르게 하거나 해서 구분해 줘야 하기 때문입니다. [그림 5-1]을 보면 간략한 싱글 페이지의 구성도를 볼 수 있습니다.

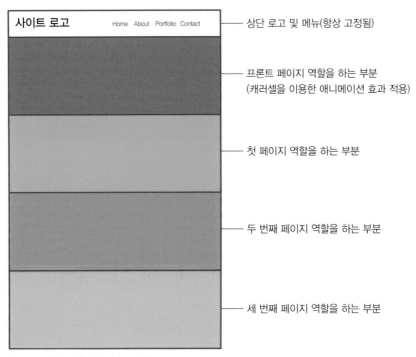

[그림 5-1] 싱글 페이지 사이트 구성도

[그림 5-1]에서 상단 로고 및 메뉴 부분은 항상 고정되어 있습니다. 부트스트랩에서 내비게이션 바 즉 navbar에 해당하며, navbar-fixed-top 클래스 속성을 적용해 주면 고정된다는 것은 이미 학습했습니다. 이 부분은 실제 사이트를 제작하면서 확인해 보도록 하겠습니다. 그림에서 사이트 로고 옆에는 메뉴가 있는데, 해당 메뉴를 클릭하면 페이지 역할을 하는 부분으로 링크가 걸려 있습니다. 싱글 페이지이기 때문에 해당 섹션에 대해서 링크만 걸어주면 됩니다. 이때 약간의 애니메이션 효과를 첨가한다면, 사이트가 역동적으로 보이게 할 수 있습니다. 이 부분은 별도의 jQuery 플러그인이 필요합니다. 실제 사이트 작업시 어떤 플러그인이 필요한지 배워보겠습니다. 부트스트랩을 이용한 웹사이트라도 부트스트랩에서 제공되지 않는 스타일 요소css와 jQuery 플러그인들은 별도로 추가해 줘야 합니다.

[그림 5-1]을 기반으로 제작하는 웹사이트의 각 페이지의 모습은 다음과 같습니다.

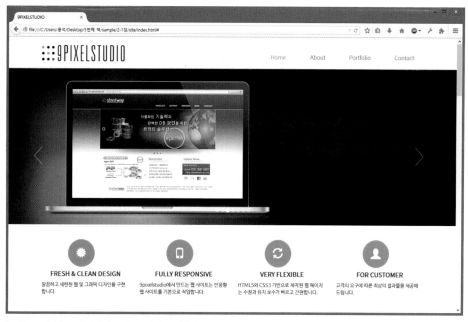

[그림 5-2] 싱글 페이지의 프론트 페이지 역할을 하는 부분

[그림 5-2]는 싱글 페이지의 프론트 페이지 역할을 하는 부분입니다. 사이트 로고와 함께 메뉴가 위치해 있습니다. 바로 밑에는 캐러셀 효과를 적용한 슬라이드 부분이 존재합니다. 그리고 바로 아래에는 사이트의 특징을 알려주는 홍보 문구가 자리합니다. 홍보 문구 부분은 웹사이트 처음 로딩 시 애니메이션이 처리되어 있는데, 이 부분은 부트스트랩을 이용하지 않고 별도의 CSS와 자바스크립트를 이용했으며, 자세한 사항은 사이트를 제작하면서 알려드리겠습니다.

[그림 5-3]에서는 About에 해당하는 부분을 볼 수 있습니다. 그림을 잘 보면 상단에 있는 내비게이션 바는 고정되어 있습니다. [그림 5-2]와 비교해 보면, 하나의 페이지로 구성된 느낌이 아니라 새로운 페이지와 같은 느낌을 주게 됩니다. 이 페이지에서 보면 Why 9pixelstudio?라는 부분에는 자바스크립트 중 컬랩스가 적용되어 있습니다. 나머지 부분은 평범하게 구성되어 있는데, Books 부분은 하나의 이미지가 아닌 개별 이미지를 CSS 속성을 이용하여 겹치게 처리했습니다. 로고 부분 또한 프론트 페이지 역할을 하는 부분과 비슷한 애니메이션 효과를 추가했는데, 해당 페이지가 보일 때만 작동하게 처리하였습니다.

[그림 5-3] 싱글 페이지의 About 부분

[그림 5-4]는 포트폴리오 부분입니다. 여기서 Site Development는 캐러셀을 이용해서 애니메이션 처리했습니다. 이유는 많은 내용을 효과적으로 보여주기 위함입니다. 여기에는 부트스트랩에서 제공되는 모달 윈도우 대신 fancybox라는 별도의 자바스크립트를 이용했는데, 그 이유는 사이트 제작에서 알려드리겠습니다. 캐러셀 자바스크립트는 이와 같이 이미지뿐만 아니라, 콘텐츠를 애니메이션 시켜 많은 내용을 라인 하나에 담을 수 있는 장점이 있습니다.

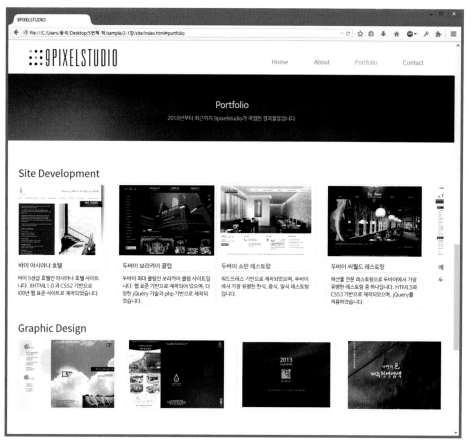

[그림 5-4] 싱글 페이지의 Portfolio 부분

[그림 5-5]는 사이트의 마지막인 Contact 부분인데, 이곳에는 별도의 PHP 또는 ASP 와 같은 웹 프로그래밍이 들어갑니다. 하지만 이 책에서는 그 부분에 대해서는 다루지 않 았기 때문에 웹 프로그래밍 부분은 생략하도록 하겠습니다.

Contact 부분과 더불어 하단에는 footer 부분이 자리잡고 있습니다. 이 사이트에서는 footer 부분을 아주 간단하게 처리했는데, 요즘 유행하는 외국 사이트는 이 footer 부분 을 Mega footer라고 해서 아주 다양한 메뉴들을 적용하는 경우도 있습니다. 이 부분은 여러분들이 직접 사이트를 응용해서 다양한 콘텐츠를 추가해 보기 바랍니다. 예를 들어 SNS 아이콘들을 배치할 수도 있고, 회사 지도를 추가해 줄 수도 있을 것입니다.

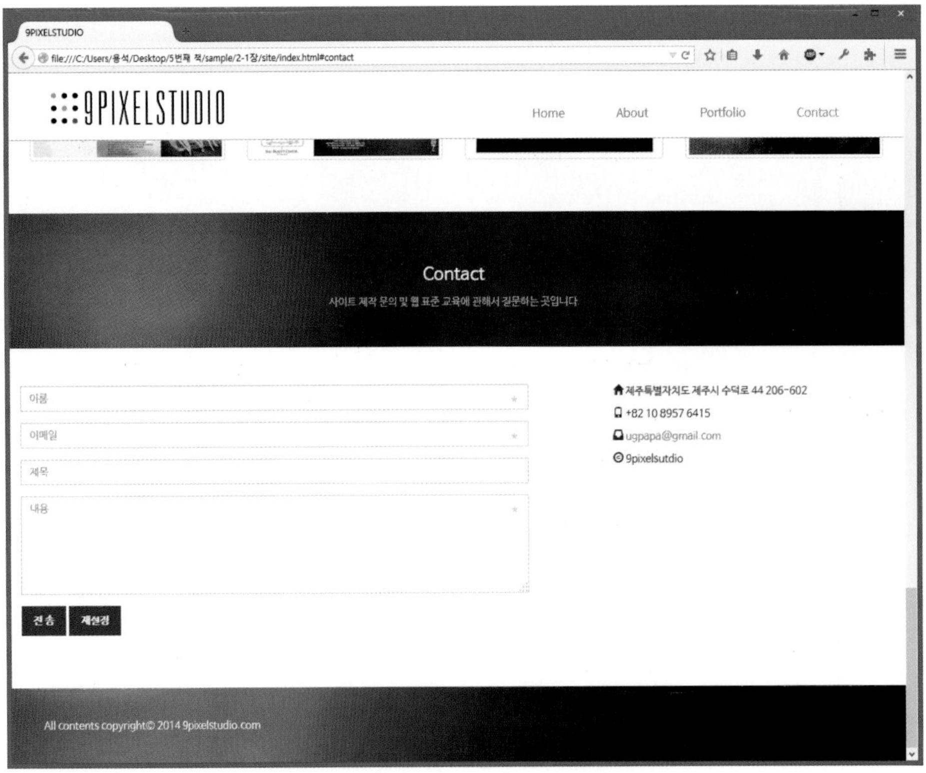

[그림 5-5] 싱글 페이지의 Contact 부분

책에서는 웹사이트가 일정한 사이즈로 고정되어 있어 다양한 모습을 보여주긴 힘들지만, 실제 예제 사이트를 구동해 보면 해당 사이트는 브라우저가 어떤 해상도로 설정되어 있든지, 화면에 꽉찬 모습으로 보여집니다([그림 5-6] 참조). 또한 부트스트랩은 기본적으로 반응형 웹사이트이기 때문에 해상도를 변경하면 그에 따라 사이트의 모습도 변경됩니다. [그림 5-6]과 달리 해상도를 최소로 변경해 보면 [그림 5-7]과 같이 변경되는 것을 알 수 있습니다.

[그림 5-6]을 보면 사이트의 로고와 메뉴가 있는 부분은 화면 크기가 늘어나도 크기가 고정되어 있는데, 캐러셀이 적용된 부분은 화면 크기가 늘어나면 그에 따라 커지는 것을 알 수 있습니다. 제작된 사이트는 특정 부분은 크기가 늘어나면 그에 따라 늘어나게 처리되어 있고, 나머지 부분은 크기에 고정되어 있는데, 이것은 부트스트랩의 container-fluid 속성과 container 속성을 적절하게 배합한 결과입니다. 실제 코드를 설명할 때 다시 한번 언급하도록 하겠습니다. 부트스트랩을 이용해서 사이트를 제작하게 되면, 아주 빠른 시간에 반응형 웹사이트를 만들 수 있고, 예전에는 별도로 추가해야 했던 여러 자바스크립트 효과들을 비교적 간단하게 처리할 수 있는 장점이 있기 때문에, 한

번 부트스트랩에 적응하면 부트스트랩 없이 사이트를 제작하는 것은 상상도 할 수 없을
만큼 편리합니다.

[그림 5-6] 해상도가 1920×900인 경우 보여지는 모습

[그림 5-7] 해상도가 320×480인 경우 보여지는 모습

5.2 사이트 제작 – 내비게이션 바

이제 실제 사이트를 제작해 보도록 하겠습니다. 우선 가장 기본적으로 부트스트랩을 적
용하기 위해서 다음과 같이 HTML 문서가 되어 있어야 합니다. 이 부분은 기본적으로 템
플릿이라고 봐도 무방합니다. 가장 기본적이며 부트스트랩의 문서의 기본이 되기 때문입
니다.

```
<!doctype html>
<html lang="ko-kr">
<head>
  <meta charset="utf-8">
  <meta http-equiv="X-UA-Compatible" content="IE=edge">
  <meta name="viewport" content="width=device-width, initial-scale=1">
  <title> 9PIXELSTUDIO </title>
  <!-- Bootstrap -->
  <link href="./css/nomalize.css" rel="stylesheet">
  <link href="./css/bootstrap.min.css" rel="stylesheet">
  <!-- HTML5 Shim and Respond.js IE8 support of HTML5 elements and media
queries -->
  <!-- WARNING: Respond.js doesn't work if you view the page via file: // -->
  <!--[if lt IE 9]>
  <script src="https://oss.maxcdn.com/libs/html5shiv/3.7.0/html5shiv.js">
  </script>
  <script src="https://oss.maxcdn.com/libs/respond.js/1.4.2/respond.min.js">
  </script>
  <![endif]-->
</head>
<body>

  <!-- jQuery (necessary for Bootstrap's JavaScript plugins) -->
  <script src="https://ajax.googleapis.com/ajax/libs/jquery/1.11.0/jquery.min.
js"></script>
  <!-- Include all compiled plugins (below), or include individual files as
needed -->
  <scriptsrc="./js/bootstrap.min.js"></script>
</body>
</html>
```

[예제 5-1]에서 약간 특이한 것이라고 하면 nomalize.css라는 별도의 CSS 파일이 있는데, 이 파일은 브라우저마다 태그에 따라 약간의 차이가 있는 부분을 평준화해 주는 작업을 하는 CSS 파일입니다.

주의

여기서 해당 CSS 파일과 JS의 파일 경로는 사용자의 개발 환경에 따라 달라질 수 있습니다. [예제 5-1]에서 가장 중요한 부분은 빨간색 부분이며, 파란색 부분은 IE9 이하의 브라우저에서 필수적으로 적용되어야 해당 사이트가 세대로 보일 수 있습니다.

가장 먼저 해야 하는 일은 사이트 전체의 틀을 잡는 container 또는 container-fluid를 이용하는 것입니다. container 클래스 선택자는 최대 넓이가 1170픽셀이고, container-fluid는 전체 화면을 사용할 때 사용합니다. 예제에서 사용되는 사이트는 전체 화면을 사용하면서 메뉴와 콘텐츠 부분에는 한정된 넓이를 갖는 사이트입니다. 따라서 먼저 전체 화면을 사용하기 위해서 container-fluid를 이용해서 전체 화면을 잡고, 메인 메뉴가 들어가는 부분은 container 클래스 선택자를 적용하면 됩니다. 메인 메뉴 역할을 하는 내비게이션 바의 코드는 컴포넌트를 학습할 때와 동일한 코드를 적용해 보도록 하겠습니다.

[예제 5-2] 내비게이션 바 부분 코드

```
... 상단 생략 ...
<div class="container-fluid"> ❶
  <!-- nav bar 부분 -->
  <div class="container"> ❷
    <nav class="navbarnavbar-default navbar-fixed-top" role="navigation"
id="navbar-scroll"> ❸
  <div class="container"> ❹
<!-- Brand and toggle get grouped for better mobile display -->
    <div class="navbar-header">
      <button type="button" class="navbar-toggle" data-toggle="collapse"
data-target=".navbar-1-collapse">
        <span class="sr-only">Toggle navigation</span>
        <span class="icon-bar"></span>
        <span class="icon-bar"></span>
        <span class="icon-bar"></span>
      </button>
      <a class="navbar-brand" href="#"><img src="./imgs/logo.png"
alt="9PixelStudio"></a>
    </div>

<!-- Collect the nav links, forms, and other content for toggling -->
    <div class="collapse navbar-collapse navbar-right navbar-1-collapse">
      <ul class="navnavbar-nav">
        <li><a href="#">home </a></li>
        <li><a href="#">about </a></li>
        <li><a href="#">portfolio </a></li>
        <li><a href="#">contact </a></li>
      </ul>
    </div>
  </div><!-- /.navbar-collapse -->
```

```
    </nav>
  </div>
  <!-- // nav bar 부분 끝 -->

  </div>
      ... 하단 생략 ...
```

[예제 5-2]를 한번 보면 내비게이션 바 부분은 단지 내비게이션 바 부분(❸)에 적용된 속성이 navbar-fixed-top이란 클래스 선택자가 적용된 것 외에는 특별한 것이 없습니다. 만들려는 사이트는 특정 부분은 container라는 한정된 넓이를 가진 속성을 적용해야 하고, 나머지 부분은 container-fluid 속성을 적용해서 전체 화면을 적용해야 합니다. 따라서 코드에서 ❶ 부분에는 전체 화면 넓이를 적용하는 속성을 적용했고, 현재 내비게이션 바 부분에는 ❷의 속성을 적용했습니다. 또 하나 내비게이션 바 부분에 navbar-fixed-top을 적용할 경우 ❹의 속성을 적용하지 않게 되면, 내비게이션 바 자체도 전체 넓이를 사용하게 됩니다.

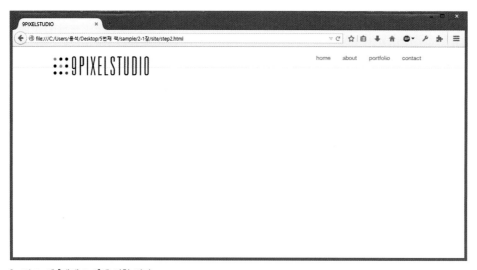

[그림 5-8] [예제 5-2]에 의한 결과 example/ch02/step2.html

[그림 5-8]을 보면 [예제 5-2]에 의한 결과 화면이 보이는데, 최종 결과 화면과는 약간의 차이가 있습니다. 그럴 수밖에 없는 것이 현재 [예제 5-2]까지 적용된 부분은 순수하게 부트스트랩의 CSS만 적용했기 때문입니다. 따라서 최종 결과와 동일하게 제작하기 위해서는 별도의 CSS 속성을 적용해 줘야 합니다. 일단 HTML 문서 내부에 CSS 속성을 적용하고, 최종적으로는 외부 파일로 불러오는 방식으로 설명하도록 하겠습니다.

```
... 상단 생략 ...
<style>
  @import url(http://fonts.googleapis.com/css?family=Source+Sans+Pro:300,400);
  /* 내브바에서 사용되는 웹 폰트를 구글 폰트 서비스를 이용해서 설정 */
  .navbar{ /* 내브바 부분에 대한 설정 */
    background-color: #fff;
    border: none;
    padding-bottom: 10px;
    font-family: 'Source Sans Pro', sans-serif;
    font-weight: 300;
    font-size: 18px;
    height: 90px;
    text-transform: capitalize;
    border-bottom: 1px solid #AAAAAA
  }
  /* 화면이 축소될 경우 내브바 부분에 생기는 ≡ 이 부분에 대한 위치 선정 */
  .navbar-toggle {
    position: relative;
    margin-top: 40px;
    top: 2px;
  }
  .navbar-nav{ /* 메뉴 부분에 대한 위치 설정 */
    padding-right: 10px;
    margin-top: 20px;
    background-color: #fff
  }
  .navbar-nav li { /* 메뉴 텍스트 부분 간격 설정 */
    margin:0 20px;
  }
</style>
... 하단 생략 ...
```

[그림 5-9] 자체 CSS 적용 후 모습 example/ch05/step3.html

[그림 5-9]와 [그림 5-8]을 비교해 보면 차이점을 확실하게 알 수 있을 것입니다. 이렇게 부트스트랩의 기본 CSS는 전체적인 레이아웃을 잡는 역할을 하고 다시 맞춤형 CSS를 추가해 줌으로써, 고유의 사이트 디자인으로 다시 태어날 수 있는 것입니다.

내비게이션 바(내브바) 부분은 여기까지입니다. 복잡하게 보일 수도 있지만, 사실 거의 모든 코드는 부트스트랩에 있는 코드를 차용한 것이며, 필자가 추가한 부분은 [예제 5-3]에서 지정한 CSS 밖에는 없습니다. 다음은 캐러셀 부분과 하단 아이콘 부분을 적용해 보도록 하겠습니다.

5.3 사이트 제작 – 캐러셀과 아이콘

캐러셀 부분은 가장 간단한 코드로 구성되어 있기 때문에 어려움이 없을 것입니다. 캐러셀 소스는 부트스트랩에서 사용된 소스코드와 거의 동일합니다. 단지 아이디(id) 선택자 부분만 명칭을 변경했습니다.

[예제 5-4] 캐러셀 부분 소스코드

```
<!-- 캐러셀 부분 시작 -->
<div id="carousel-generic" class="carousel slide">
<!-- Indicators -->
  <ol class="carousel-indicators">
    <li data-target="#carousel-generic" data-slide-to="0" class="active"></li>
    <li data-target="#carousel-generic" data-slide-to="1"></li>
... 인디케이터가 들어가는 부분 생략 ...
  </ol>
<!-- Carousel items -->
  <div class="carousel-inner">
  <div class="item active">
    <img src="./imgs/1.jpg" alt="First slide">
  </div>
    ... 이미지가 들어가는 부분 생략 ...
  </div>
<!-- Controls -->
  <a class="left carousel-control" href="#carousel-generic" data-slide="prev">
    <span class="icon-prev"></span>
  </a>
  <a class="right carousel-control" href="#carousel-generic" data-slide="next">
```

```
        <span class="icon-next"></span>
    </a>
</div>
<!-- // 캐러셀 부분 끝  -->
```

캐러셀이 들어가는 부분에서 약간 주의할 점은 인디케이터indicators 부분으로 이미지의 개수와 인디케이터의 개수는 동일해야 합니다. 현재 예제로 사용된 사이트는 이미지의 개수가 7개이기 때문에 인디케이터도 동일하게 7개를 생성해줘야 합니다. 인디케이터는 이미지 중앙 하단에 위치한 동근 원을 의미합니다. 컨트롤 부분은 특별한 부분이 없는데, 부트스트랩에서 제공되는 기본 컨트롤 이미지는 너무 작습니다. 이 부분 또한 다른 이미지로 교체가 가능합니다. 여기서 가장 중요한 부분은 캐러셀 처음 시작에서 지정한 id="carousel-generic"으로 나머지 캐러셀에서도 동일하게 data-target="#carousel-generic"과 href="#carousel-generic"으로 지정해 줘야 제대로 작동됩니다. 또 하나 캐러셀이 작동하기 위해서는 HTML 문서의 마지막 부분에 다음과 같이 스크립트를 적용해 줘야 작동합니다.

```
<script>
    $('.carousel').carousel()
</script>
```

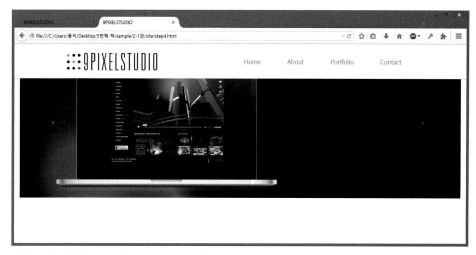

[그림 5-10] 캐러셀이 적용된 모습 example/ch05/step4.html

[그림 5-10]을 보면 캐러셀이 적용된 후의 사이트 모습을 볼 수 있는데, 약간 이상한 점이 발견됩니다. 이미지 상단 부분이 잘려져 있는 것을 알 수 있습니다. 이것은 navbar-fixed-top이라는 속성 때문인데, 부트스트랩 컴포넌트의 내비게이션 바에서도 관련된 내용이 나옵니다. 이 부분을 해결 하기 위해서는 body 태그 부분에 padding-top:90px;과 같이 상단 내브바의 크기에 따라 상단에 공백을 추가해 줘야 합니다. 또한 캐러셀에 적용된 컨트롤에 있는 화살표의 크기가 너무 작아서 이 부분도 다른 이미지를 이용해서 수정해 보도록 하겠습니다.

또한 전체 사이트에 "나눔바른고딕"이라는 네이버에서 제작한 폰트를 적용해 보도록 하겠습니다. 또한 [그림 5-10]을 유심히 보면 캐러셀이 적용된 양옆으로 약간의 여백이 있는데, 이것은 부트스트랩에서 지정한 container-fluid의 속성에 padding-left와 padding-right 부분에 15px이 지정돼 있기 때문입니다. 따라서 이 부분에 속성도 다시 지정해 보겠습니다.

마지막으로 내비게이션 부분에 메뉴 부분에 마우스 오버를 하거나 활성화 상태인 경우에 대한 속성까지 지정해 보도록 하겠습니다. 이 부분은 CSS에서 조정하는 것으로 컨트롤 부분만 HTML 태그를 수정하면 됩니다. HTML 태그에서 컨트롤에 있는 <span class="icon-prev"></span>은 <img src="./imgs/left.png" class="control">로 <span class="icon-next"></span> 부분은 <img src="./imgs/right.png" class= "control">로 대체합니다.

[예제 5-5] 내비게이션 부분과 캐러셀 부분에 대한 CSS 속성 적용

```
@import url(http://fonts.googleapis.com/css?family=Source+Sans+Pro:300,400);
@font-face{ /* font-face를 이용하여 나눔바른고딕 설정 */
  font-family:'NanumBarunGothic';
  src:url("../fonts/NanumBarunGothic.eot");
  src:local(""),url("../fonts/NanumBarunGothic.woff") format("woff");
}
a:hover { text-decoration: none; }
body {font-family: "NanumBarunGothic", sans-serif; padding-top: 90px; }
/* body 태그 부분에 padding-top: 90px;을 지정하고 본문 체로 NanumBarunGothic을
지정함 */
.container-fluid { padding: 0; }
/* container-fluid 선택자 양 옆 부분에 설정된 패딩 값을 0으로 변환 */
/* nav bar customize */
.navbar{ background-color: #fff; border: none; padding-bottom: 10px;
font-family: 'Source Sans Pro', sans-serif; font-weight: 300; font-size:
18px;height: 90px; text-transform: capitalize; border-bottom: 1px solid
#AAAAAA}
```

```
.navbar-toggle {position: relative;margin-top: 40px;top: 2px;}
.navbar-nav{ padding-right: 10px;margin-top: 20px; background-color: #fff}
.navbar-nav li { margin:0 20px; }
.navbar-brand { padding-left: 20px;} /* 로고 들어가는 부분 왼쪽 20픽셀의 패딩 적용 */
.navbar-collapse { padding-top: 10px; background-color: #fff}
.navbar-default .navbar-nav>li>a:hover { color: #FF8000}
.navbar-default .navbar-nav>li.active>a,
.navbar-default .navbar-nav>li.active>a:hover,
.navbar-default .navbar-nav>li.active>a:focus
{ color: #FF8000; background-color: #fff}
/* 내브바에 있는 메뉴, 마우스 오버 및 활성 상태일 때 값 설정 */
.control { position: inherit; top: 50%; z-index: 5; display: inline-
block; right: 50%;}
/* 컨트롤 부분에 이미지가 추가됨에 따른 이미지의 위치를 설정함. 이 값을 적용하지 않을 때의 결과도
한번 확인해 보기 바랍니다. */
```

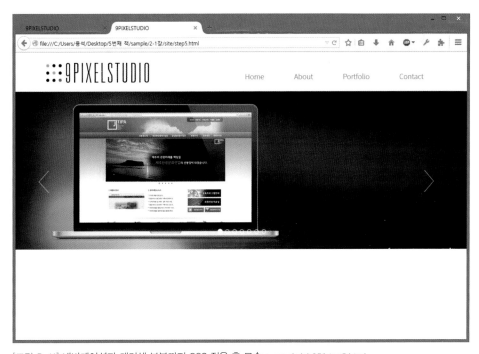

[그림 5-11] 내비게이션과 캐러셀 부분까지 CSS 적용 후 모습 example/ch05/step5.html

[그림 5-11]까지 보면 아무런 문제가 없어 보이긴 하는데, 브라우저의 크기를 줄이게
되면 문제점이 드러납니다. [그림 5-12]를 보면 어떤 문제가 있는지 알 수 있습니다. 해
상도가 일정 범위 안에 있을 경우 메뉴가 되는 부분이 화면 아래 부분으로 내려가 버리
는데, 이 부분에 대한 수정 작업이 필요하게 됩니다. 이 부분은 별도의 미디어 쿼리를 이

용해서 설정하면 됩니다. CSS 파일 부분에 [예제 5-5]와 같이 해당 CSS를 추가 입력하면 문제가 해결됩니다.

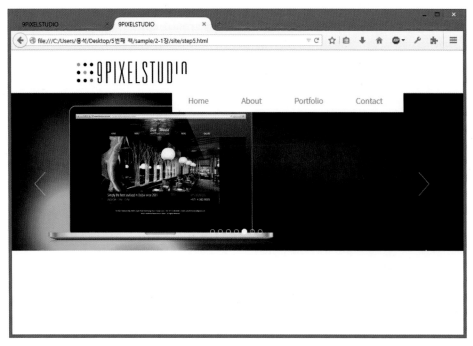

[그림 5-12] 브라우저의 크기를 줄이면 나타나는 현상. 이 크기보다 작을 경우에는 문제점은 나타나지 않는다.

[예제 5-5] 화면 해상도에 따라 상단 메뉴와 로고의 크기를 줄이는 효과를 주는 CSS

```
@media (max-width: 320px)  {
   .navbar-brand img{width: 80%; height: auto; margin-top:-100px}
} /* 이 부분은 해상도가 최대 320픽셀인 경우 로고의 크기를 줄입니다. 특히 로고의 크기가 줄
어듦에 따라 상단 마진 값을 -100픽셀을 적용해서 위로 끌어 올리는 효과까지 적용합니다. */
@media (max-width: 980px) {
   .navbar-nav li { margin:0 10px;}
} /* 최대 해상도가 980픽셀일 때 각 메뉴의 사이의 간격을 10픽셀로 조정합니다. */
```

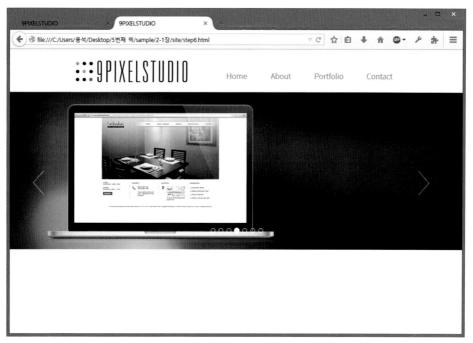

[그림 5-13] 미디어 쿼리를 이용해서 메뉴가 위치한 부분에 해상도에 따른 버그를 잡아 준다.
example/ch02/step6.html

    이제 아이콘을 적용해 보도록 하겠습니다. 아이콘 부분은 그리드를 이용해서 처리할
예정입니다. 또한 아이콘 부분에도 container 클래스 선택자를 적용하여, 일정 크기 이
상 커지지 않게 처리합니다. 먼저 아이콘은 4개 부분으로 구성되어 있기 때문에 기본적
으로 다음과 같이 구성합니다.

```
<div class="row">
  <div class="col-md-3">
  </div>
  ...
</div>
```

    그리고 화면 해상도가 축소되었을 경우 아이콘 부분이 작아지기 때문에, 이 경우 아
이콘 배치를 4개로 하지 않고 한 줄에 두 개씩 배치하게 처리하면 되는데, 다음과 같이
HTML 코드를 수정합니다. 이렇게 처리하면 일반 해상도(데스크 탑)에서는 한 줄에 아
이콘이 배치되고, 저해상도(스마트폰)인 경우 두 줄로 아이콘이 배치됩니다.

```
<div class="row">
  <div class="col-xs-6 col-md-3">
  </div>
  ...
</div>
```

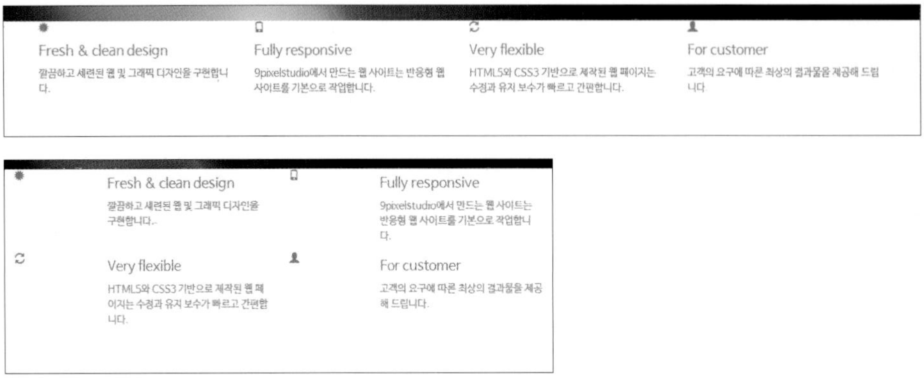

[그림 5-14] 일반 해상도(PC용)에서는 한 줄로 아이콘이 배치되고, 저해상도(스마트폰)에서는 두 줄로 아이콘이
배치된다. example/ch05/step7.html

[그림 5-14]에서 보면 아이콘 모양이 완성된 사이트와는 조금 많이 상이합니다. 아
이콘은 Glyphicon을 이용해서 제작한 것이고, 이 부분은 CSS를 이용해서 충분히 변
형 가능합니다. 또한 아이콘 부분과 캐러셀 간격이 거의 겹쳐져 있기 때문에, 이 부
분 또한 조금 떼어보도록 하겠습니다. 우선 사이 간격을 위해서 그리드의 시작인 <div
class="row"> 태그에 <div class="row service">라고 service란 클래스 선택자를 추
가합니다.

이제 아이콘 부분에 CSS 속성을 적용해 보도록 하겠습니다.

[예제 5-6] 아이콘 부분에 대한 CSS 속성

```
.service {margin: 40px 0;} /* service 부분에 상하로 40픽셀의 마진 설정 */
.service a {display: block;} /* service 부분에 a 태그 속성을 block으로 지정 */
.icons { /* 아이콘 모양 설정 */
  float: left;
  display: block;
  font-size: 30px;
  color: #fff;
  background-color: #FF8000;
  border-radius: 50%; /* 사각형을 원형으로 변경 */
  text-align: center;
```

```
    margin-right: 15px ;
    padding: 20px;
    border:4px solid #FF8040;
    transition: all 0.3s;
}
.service a:hover .icons {background-color:#0080C0;} /* 아이콘 마우스 오버시
색상 변경*/
```

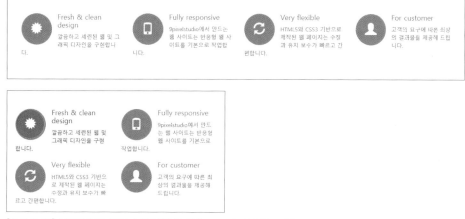

[그림 5-15] 아이콘 부분 CSS 속성 적용 후 모습 example/ch05/step8.html

　　[그림 5-15]를 보면 아이콘 부분에 대한 CSS 속성이 적용된 후 모습을 볼 수 있는데,
텍스트 부분이 항상 오른쪽으로 배치되어 있습니다. 또한 텍스트 길이가 길 경우 아이콘
을 감싸 흐르는 것을 알 수 있는데, 이 부분이 디자인적으로 보기에 좋진 않습니다.

　　이 부분을 해결하는 방법은 아이콘 부분과 텍스트 부분에도 다시 그리드를 적용해 주
면 됩니다. 코드가 약간 복잡해질 수도 있긴 하지만, 충분히 그럴 가치가 있습니다.

[예제 5-7] 그리드가 적용된 아이콘 내부에 다시 그리드를 적용해 줌

```
... 상단 생략 ...
<div class="col-xs-6 col-md-3">
<!-- 그리드 내부에 다시 그리드를 적용-->
  <div class="row"> <!-- 그리드 시작 -->
    <a href="#"> <!-- 아이콘 전체에 링크를 걸어줌 -->
      <div class="col-xs-4 col-md-12">
      <!-- 고해상도에선 12그리드를 저해상도에는 4그리드를 적용함 -->
        <span class="glyphicon glyphicon-certificate icons"></span>
      </div>
      <div class="col-xs-8 col-md-12 icontxt">
```

```
<!-- 저해상도에서 8그리드 적용하고 icontxt라는 클래스 선택자를 적용함 -->
    <h4>Fresh &amp; clean design</h4>
    <p>깔끔하고 세련된 웹 및 그래픽 디자인을 구현합니다.</p>
  </div>
  </a>
  </div>
</div>
... 하단 생략 ...
```

이제 이 부분에 CSS 속성을 적용해서 마무리 하도록 하겠습니다.

[예제 5-8] 아이콘 부분 CSS 속성 적용

```
.service a:hover .icontxt h4 { color: #0080FF; }
/* 아이콘 제목 마우스 오버시 색상 변경 */
.icontxt { display: block; color: #2E2F28; text-align: left; }
/* icontxt 부분 색상 및 속성 적용 */
.icontxt h4 {font-weight: bold; font-family: 'Source Sans Pro'; font-
size: 20px; text-transform: uppercase; text-align: left;}
/* icontxt 부분에서 제목에 해당 하는 h4 부분 속성 적용 */
@media (min-width: 768px) {
/* 해상도가 768픽셀 이하인 경우 아이콘과 제목 정렬 */
  .icons { margin: 0 auto; position: relative; left: 30%;}
  .icontxt h4 { text-align: center;}
}
@media (max-width: 360px) {
/* 최대 해상도가 360픽셀인 경우 텍스트를 사라지게 처리함. */
  .icontxt p { display: none; }
  .icontxt {line-height:10px; padding: 0; margin: 0;}
  .icontxt h4 { display: none; }
  .icons { padding: 20px; margin: 10px 0 10px 20px; }
  .book img{ width: 50%; height: auto;}
  .control { display: none;}
}
```

[그림 5-16] 해상도에 따라 아이콘 부분 배열이 바뀌게 된다. example/ch05/step9.html

부트스트랩을 사용하면, 기본적으로 반응형 웹사이트로 제작하기 때문에 항상 이런 점을 염두에 두고 사이트를 개발해야 합니다만, 부트스트랩에서 지원되는 기능이 막강하기 때문에 사용자가 어떻게 응용하느냐에 따라 다양한 효과를 구현해 줄 수 있습니다.

5.4 사이트 제작 – About 부분

About 부분은 우선 완성된 부분을 먼저 분석하고 세부적으로 들어가 보도록 하겠습니다. About 부분에는 컬랩스 즉 아코디언 효과를 내는 부분이 추가된 것이 특이점이라고 할 수 있습니다. 또한 Books 부분에 3개의 각기 다른 이미지들을 겹쳐보도록 하겠습니다.

[그림 5-17] 완성된 About 부분

　　[그림 5-17]을 보면 About 부분은 크게 4개로 분할할 수 있는데, ❶은 About의 시작을 알려주기도 하지만, 페이지를 분리시켜주는 역할도 하는 부분입니다. ❷는 웹사이트를 소개하는 부분입니다. 아주 간단하게 구성된 부분이기 때문에 별도의 설명을 하지 않겠습니다. ❸ 또한 부트스트랩에서 제공하는 컬랩스 효과로 별 특이점은 없습니다. 다만 리스트 제목 부분에 Glyphicon을 적용하고 CSS를 추가하였습니다. 마지막으로 ❹는 책을 보여주는 곳인데, 이 부분은 하나의 이미지가 아니라 3개의 이미지를 CSS를 이용하여 겹쳤습니다. 따라서 이 부분에 별도의 애니메이션을 적용할 수도 있고, 배치를 달리할 수도 있습니다. [그림 5-18]을 보면 HTML 코드로만 구성한 About 부분을 볼 수 있습니다.

9pixelstudio 대표 양용석은 1995년 국내 최초 ISP 인터피아 웹마스터로써 인터피아 웹사이트 기획/제작/유지보수를 담당했으며, 두산그룹 웹사이트 기획/개발/유지보수, 두산계열사 웹마스터 교육 담당, 국제 유도 연맹 웹사이트 기획/개발, 두산그룹 두산타워, 두산베어스, 오비맥주, 국제유도 연맹 웹사이트 기획/개발/유지보수 및 쌍용아파트 웹사이트 기획했으며, 2000년부터 온라인 이벤트 사이트 유텐드 웹사이트 기획/개발/마케팅 한국 본부장을 역임하였습니다. 2002년부터는 게임 사이트인 라그하임 웹사이트 기획/개발하였으며, 2004년부터는 한우리 독서 운동 본부 사이트 리뉴얼, 면세정 할인 쿠폰 사이트기획 및 설계했습니다. 2005년에는 제주로 내려와 온라인 영어 평가 시스템 이모코디설계 개발 기획 총괄을 담당했으며, 또한 두바이 5성급 호텔인 아시아나 호텔, 경제전문 출판사 스마트북스 웹 사이트, DB 보안전문회사 ㈜신시웨이 웹 사이트, (사) 제주관광문화산업진흥원 웹사이트 개발 등 웹 사이트 제작 및 부속되는 그래픽 디자인 작업 등을 병행했습니다. 지금까지 총 4권의 책을 출간하여, HTML5와 CSS3에 대한 해박한 지식을 보유하고 있습니다.

Why 9pixelstudio?

★ 18년 동안 웹 사이트를 전문적으로 제작해 왔습니다.

두산 그룹 웹 사이트 부터 시작하여, 두산베어스, 국제유도연맹 및 대형 게임 사이트, 쇼핑몰 등 지금까지 50여개가 넘는 다양한 사이트를 작업해 왔으며 풍부한 실무 경험을 갖추고 있습니다.

★ HTML5와 CSS3와 관련된 서적만 4권을 집필하였습니다.

★ 워드프레스 기반으로 사이트를 제작

★ 쇼핑몰 사이트 제작

★ 그래픽(인쇄) 디자인 및 북 디자인

Books

[그림 5-18] CSS가 적용되기 전 About 부분 example/ch05/step10.html

❶ 부분에 대한 HTML 태그를 확인해 보겠습니다.

[예제 5-9] ❶ 부분에 대한 HTML 태그

```
<div id="about"></div> <!-- 이 부분은 내브바에서 about을 눌렀을 경우 이동하는 곳입
니다. -->
<header class="content1"> <!-- header 태그를 이용하고, 배경 및 기타 속성을 지정하
기 위해 클래스 선택자를 적용합니다. -->
  <div class="container"> <!-- 다른 부분과 마찬가지로 한정된 폭을 지정하기 위해
container 클래스 선택자를 지정합니다. -->
    <h1><small>9PIXELSTUDIO는...</small></h1>
    <p>HTML5와 ...</p>
  </div>
</header>
```

이제 ❷ 부분에 대한 HTML 태그를 살펴보겠습니다.

[예제 5-10] ❷ 부분에 대한 HTML 태그

```
<div class="container about" > <!-- 이 부분 또한 한정된 폭을 지정하는
container 클래스를 지정해 주고 about이라는 클래스 선택자를 추가합니다. about 클래스
선택자는 패딩과 내부 속성을 지정하는 데 사용됩니다. -->
    <h1><img src="./imgs/9pixel.gif" alt="" class="img-responsive"></h1>
<!-- 로고 부분입니다. 여기서 특이한 점이 이미지 부분에 class="img-responsive"를 적
용한 것인데, 이 클래스 선택자는 화면 사이즈가 변하면, 크기가 가변적으로 변하게 처리해 주
는 역할을 합니다. -->
    <div class="row"> <!-- 이미지와 본문 텍스트를 그리드를 이용해서 처리하였으며,
여기에 사용된 이미지 또한 img-responsive 클래스 선택자를 적용하였습니다. -->
        <div class="col-md-4">
            <img src="./imgs/about1.jpg" alt="" class="img-responsive">
        </div>
        <div class="col-md-8">
        <p> 9pixelstudio 대표 …
        </p>
        </div>
    </div>
</div>
```

❸과 ❹ 부분 또한 그리드를 이용해서 레이아웃을 설정했습니다. 그리드 부분만 잠
깐 살펴보면 다음과 같이 2개의 부분으로 이루어져 있는데 books가 들어가 있는 부분
에 col-md-offset-1이 적용된 것을 알 수 있습니다. 다시 한번 설명을 하면, col-md-
offset-1은 그리드에서 빈 공간 하나를 만드는 것을 의미합니다. 이 경우에는 컬랩스와
Books 중간에 하나의 공간을 만듭니다.

[예제 5-11] ❸과 ❹ 부분에 적용된 그리드

```
...
<div class="row">
  <div class="col-md-6">
  ...
  </div>
  <div class="col-md-5 col-md-offset-1">
  ...
  </div>
</div>
...
```

❸ 부분은 부트스트랩의 기본 코드를 사용했기 때문에 별도의 설명을 하진 않겠습니다. ❹ 부분 또한 복잡한 코드를 사용하지 않았지만, 간단하게 소스코드를 확인해 보면 다음과 같습니다.

```
[예제 5-12] ❹ 부분에 HTML 코드
```

```html
...
<h3>Books</h4>
  <div class="book">
    <img src="imgs/book/2.png" alt="" class="book2 img-responsive">
    <img src="imgs/book/3.png" alt="" class="book3 img-responsive">
    <img src="imgs/book/4.png" alt="" class="book4 img-responsive">
  </div>
...
```

[예제 5-12]를 보면 책 이미지 파일들은 개별 이미지 파일로 전체를 book이라는 클래스 선택자를 이용해서 감싸고 있으며, 각 책 이미지 파일 하나씩 book2, book3, book4와 같이 개별적으로 클래스 선택자를 적용했고, 이미지들은 해상도에 따라 크기가 달라지게 img-responsive 클래스 선택자를 적용했습니다.

이제 이 부분에 대해서 스타일CSS을 적용해서 디자인을 마무리하도록 하겠습니다.

```
[예제 5-13] about 부분에 적용된 CSS 코드
```

```css
/* 헤더 태그 텍스트 처리 */
header { color: #fff; text-align: center; padding: 40px 0;}
header small { color: #fff}
header p { color: #C0C0C0}
/* 헤더 부분 백그라운드 처리- 스크롤에 따라 이미지가 변하는 느낌을 주게 됨 */
.content1 {
  background:url(./imgs/slide1_bg.jpg)  no-repeat center top fixed;
  background-size:cover;
}
.about p {line-height: 1.8em; font-size: 15px; color: #282923}
.about {padding: 50px 0;}
/* 컬랩스 부분에 대한 속성 적용 */
.panel a {display: block; color: #000}
.panel a.collapsed {color: #0080C0 }
.panel-body { color:#804000}
/* 책 부분 속성 */
.book{ margin-left: 10px;}
.book2, .book3, .book4 { position: relative; float: left; }
```

```
.book2 { z-index: 1; } /* 책 순서대로 z-index를 설정 */
.book3 { z-index: 10; margin-left: -100px; } /* margin-left를 음수 값을 적
용하면, 책들이 겹쳐지게 됨 */
.book4 { z-index: 20; margin-left: -100px;}
```

[예제 5-13]에서는 헤더 부분의 백그라운드에 대한 CSS 속성을 적용하였으며, 사이트 제작 마지막에 parallax라는 별도의 자바스크립트를 적용하도록 하겠습니다. parallax 효과는 화면을 스크롤할 때 백그라운드에 특수한 효과를 줍니다.

5.5 사이트 제작 – Portfolio 부분

포트폴리오가 들어가는 부분은 지금까지 학습한 것을 반복하는 부분과 다름 아닙니다. 다만 Site Development 부분에 컬랩스가 적용되어 있는데, 이 부분이 이미지를 이용하지 않고 그리드를 이용했다는 것이 약간 특이한 점이라고 할 수 있습니다. 또한 포트폴리오 부분에는 모달 윈도우가 적용되어 있는데, 이 모달은 부트스트랩에서 제공되는 모달을 사용하진 않고, 현재 jQuery용 모달 중 가장 인기있고 많이 사용하는 Fancybox라는 자바스크립트를 적용하였습니다. 그 이유는 부트스트랩에서 기본으로 제공하는 모달은 갤러리 형식으로 사용되기보단 범용으로 사용할 때 좋지만, Fancybox는 예제 사이트와 같이 사진 갤러리와 같이 연속된 이미지 또는 내용을 적용할 때 편리합니다. 먼저 포트폴리오 부분에 대한 전체 레이아웃에 대한 태그를 살펴보도록 하겠습니다. 여기서 상단 부분은 about과 동일한 구성이기 때문에 넘어가도록 하겠습니다.

[그림 5-19] CSS가 적용되기 전 Portfolio 부분 example/ch05/step12html

다만 여기서 캐러셀이 적용되는 부분에 대해서만 살펴보겠습니다.

```
...
<div id="carousel-generic" class="carousel2 slide">
  <div class="carousel-inner">
    <div class="item active">
    <div class="row"> <!-- 슬라이드 one -->
      <div class="col-xs-3 col-md-3">
      <div class="thumbnail site">
        <!-- 이 부분은 fancybox 자바스크립트를 적용하기 위해서 a 부분에 별도의 속성을
지정하였습니다. -->
        <a class="fancybox" rel="gallery1" href="./imgs/portfolio/site1.jpg">
          <img src="./imgs/portfolio/site1.jpg" alt="..."></a>
        <div class="caption">
          <h4>제주관광문화산업진흥원</h4>
          <p>...</p>
        </div>
      </div>
    </div>
  </div>
...
```

[예제 5-14]를 보면 캐러셀이 적용된 부분은 부트스트랩의 기본 캐러셀 코드와 동일합니다. 다만 캐러셀 내부에 이미지 대신에 다시 그리드를 적용한 thumbnail 클래스 선택자가 적용된 것 정도가 차이가 있습니다. 캐러셀은 이미지 이외에 이렇게 그리드를 이용한 콘텐츠까지 넣어 줄 수 있으며, 포트폴리오에 적용된 캐러셀은 indicator와 control 부분이 생략되어 있습니다. 이 부분은 태그를 제거하면 되기 때문에 어려운 점은 없습니다. 다만 이 캐러셀이 프론트에서 작동하는 캐러셀과 약간의 시간적 차이를 주기 위해서 별도의 클래스 선택자의 이름을 carousel2로 지정한 것입니다. [그림 5-19] 하단에 있는 Graphic Design 부분은 캐러셀이 적용되지 않고 그리드만 적용되었기 때문에 자세한 설명은 생략하도록 하겠습니다.

[예제 5-14]에서 각 이미지들에는 a 태그를 이용해서 링크를 걸었는데, 이 부분은 앞서 언급한 fancybox라는 자바스크립트를 적용하였습니다. HTML 태그 내부에 fancybox를 적용하는 방법은 아주 간단합니다. 모달 윈도우가 적용되는 부분에 <a class="fancybox" rel="gallery1" href="이미지 또는 URL">이라고 링크만 걸어주면 됩니다. 실제 fancybox가 작동하기 위해서는 jquery.fancybox.js 파일과 jquery.fancybox.css 파일이 기본적으로 필요하며, 이 파일들은 외부에서 호출하는 방식으로

포함하면 됩니다. 또한 fancybox와 연관된 이미지들은 jquery.fancybox.css 파일이 있는 곳에 같이 위치하면 됩니다. 그리고 마지막으로 별도의 스크립트를 호출하면 됩니다.

```
$(document).ready(function() {
$(".fancybox").fancybox({
  openEffect  : 'none',
  closeEffect : 'none'
    });
  });
```

fancybox와 관련된 자세한 사항은 http://fancyapps.com/fancybox/를 참조하기 바랍니다.

이제 마지막으로 포트폴리오 부분에 대해서 CSS를 적용하여 마무리하도록 하겠습니다. 실제 포트폴리오 부분은 기본적으로 부트스트랩의 기본 CSS와 컴포넌트를 이용하기 때문에 추가되는 부분이 별로 없습니다.

[예제 5-15] 포트폴리오에 적용된 CSS 속성

```
/* 포트폴리오 헤더 부분. 이 부분은 about 헤더 부분과 동일한 구성 인데 배경 화면 위치를 약간
변경함 */
.content2 {
  background:url(./imgs/slide1_bg.jpg)  no-repeat center center fixed;
  background-size:cover;
}
 /* 포트폴리오 사이트 부분 */
.site { height: 330px;}
/ 각 site 클래스 선택자 부분에 높이를 지정함. 여기를 지정하지 않으면, 높이가 제각각이 되어 버림 */
.site h4 { border-bottom: 1px solid #C0C0C0; font-size: 16px; padding-
bottom: 5px }
```

[그림 5-20] CSS 적용 후 Portfolio 부분 example/ch05/step13.html

5.6 사이트 제작 – Contact와 Footer 부분

이제 사이트에서 HTML 코드의 마지막 부분인 Contact 부분을 확인해 보겠습니다. Contact 부분도 이전 부분과 비교해서 별 특이점은 없습니다. 다만 이 부분은 폼이 들어 간다는 것이 이전 부분과 차이점이라고 할 수 있습니다. 이 부분은 폼이 적용된 부분만 간단하게 살펴보도록 하겠습니다.

[예제 5-16] Contact와 footer에 적용된 HTML 코드

```
<form class="form-horizontal" role="form" id="ajax-contact-form"
action="#">
<!-- form에 적용된 클래스 선택자를 form-horizontal로 적용했는데, 이렇게 적용하면, 폼
양식은 하나씩 수평으로 정렬됩니다. -->
  <div class="form-group"> <!-- 각 입력 폼들은 form-group으로 감싸 줍니다. -->
    <input type="text" class="form-control required" name="name"
placeholder="이름" title="Name"> <!-- input 양식에서 반드시 입력해야 하는 부분은
required라는 클래스 선택자를 적용합니다. 그리고 HTML5의 placeholder라는 속성을 적용하
면 각 입력 폼에는 placeholder에서 지정한 텍스트가 보여지게 됩니다. -->
  </div>
  ... 중간 생략 ...
```

```
    <div class="form-group">
        <button class="send_btn" type="submit"> 전 송</button>
        <button type="reset" class="send_btn"> 재설정</button>
    </div>
</form>
...
<p><span class="glyphicon glyphicon-home"></span> 제주특별자치도 제주시 수덕로
44 206-602</p> <!-- 주소 부분은 glyphicon을 이용해서 아이콘을 앞쪽에 배치했습니다.
-->
...
<footer class="content3">
    <div class="container"> <!-- footer 부분도 container 클래스 선택자를 적용하였
습니다. -->
        All contents copyright&#169; 2014 9pixelstudio.com
    </div>
</footer>
...
```

Contact에 적용된 form 양식은 form 부분에 **form-horizontal** 클래스 선택자를 적
용해서 라인 하나에 form이 하나씩 배치된 것과 필수 입력해야 하는 input 부분에는
required라는 클래스 선택자를 적용해 준 것 이외에는 별 특이점이 없습니다. 이 책은
부트스트랩을 설명하는 것에 초점을 맞춘 것이기 때문에, 이 form 양식이 작동하는 방
법에 대해서는 설명을 하진 않겠습니다. 하지만 인터넷 특히 구글 검색을 이용해서 free
form-mail이라고 검색하면 이 form 양식을 간단하게 작동할 수 있는 여러 방법을 찾을
수 있을 것입니다.

주소가 들어간 부분에는 glyphicon이 적용되었으며, footer 부분도 최대한 간단하게
처리하였습니다. HTML 만으로 구성된 화면은 [그림 5-21]을 확인해 보기 바랍니다.

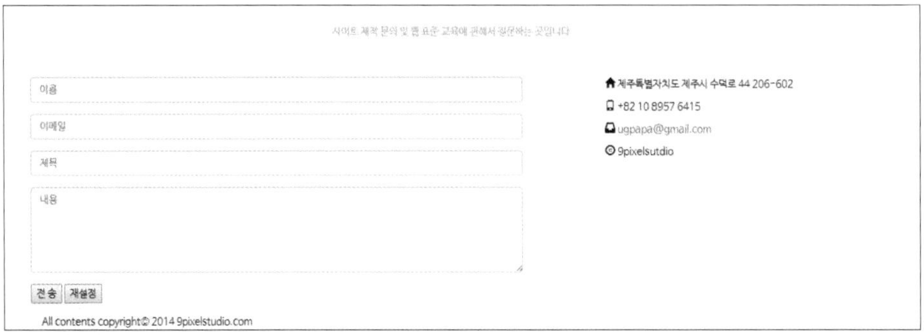

[그림 5-21] CSS 적용 전 Contact와 footer 부분

CSS를 적용하여 사이트 디자인 부분은 마무리 하도록 하겠습니다.

```
.contact { padding: 50px 0;} /* contact 부분에 패딩을 이용하여 여백을 적용하였습니
다. */
.content3 { /* 이전 부분과 동일하게 백그라운드 이미지를 이용하여 contact 부분을 구분하
였습니다. */
  background:url(./imgs/slide1_bg.jpg)  no-repeat center bottom fixed;
  background-size:cover;
}
.form-group input[type="text"], .form-group textarea { border-radius: 0;}
/* 부트스트랩의 기본 input에는 border-radius 값이 적용되어 있는데, 이 부분에서 다시 0
으로 처리하였습니다. */
.required { /* required 속성에도 백그라운드 이미지를 이용하여 처리하였습니다. */
  background: url(./imgs/required.png) right top no-repeat;
}
button.send_btn{ /* 버튼 부분 또한 백그라운드 이미지를 이용해서 처리하였습니다. */
  cursor: pointer;
  background:url(./imgs/pattern.png) repeat;
  color: #FFF;
  margin:0 10px 0 0;
  display: inline-block;
  padding: 0 20px;
  height:40px;
  line-height:40px;
  font-size: 14px;
  width: auto;
  border:0;
}
button.send_btn:hover { /* 버튼 마우스 오버 시 효과 처리 */
  background-image:url(./imgs/color_pattern.png);
  text-decoration:none;
  }

footer { padding: 40px 0; color: #fff} /* footer 부분은 별 특이점이 없습니다. */
```

[그림 5-22]를 보면 Contact 부분에서 [예제 5-17]의 CSS 적용 후 모습을 볼 수 있습니다.

이렇게 디자인 부분을 마무리 하겠습니다. 마지막으로 메인 메뉴 부분에 있는 home, about, portfolio, contact에 링크를 걸어주면 사이트는 마무리 됩니다. 하지만 이렇게 단순하게 링크를 걸면 사이트가 조금 재미가 없어집니다. 왜냐하면 한 페이지로 이루어

진 페이지이기 때문에 링크가 걸린 부분으로 바로 이동하게 되면, 화면이 바로 바뀌기 때문에, 사용자들이 조금은 당황해할 수도 있습니다. 그래서 이 부분에 애니메이션 효과를 적용해 주면 사이트가 좀 더 역동적으로 보일 수 있습니다. 또한 해당 화면이 나타날 때 특정 콘텐츠들이 나타나는 특수 효과까지 더한다면, 최고의 효과를 보실 수 있습니다.

다음은 이러한 특수 효과들을 추가하는 방법과 페이지에 적용된 CSS를 별도의 CSS 파일로 만들어 외부에서 불러 오게 처리하여 사이트 제작을 마무리 하도록 하겠습니다.

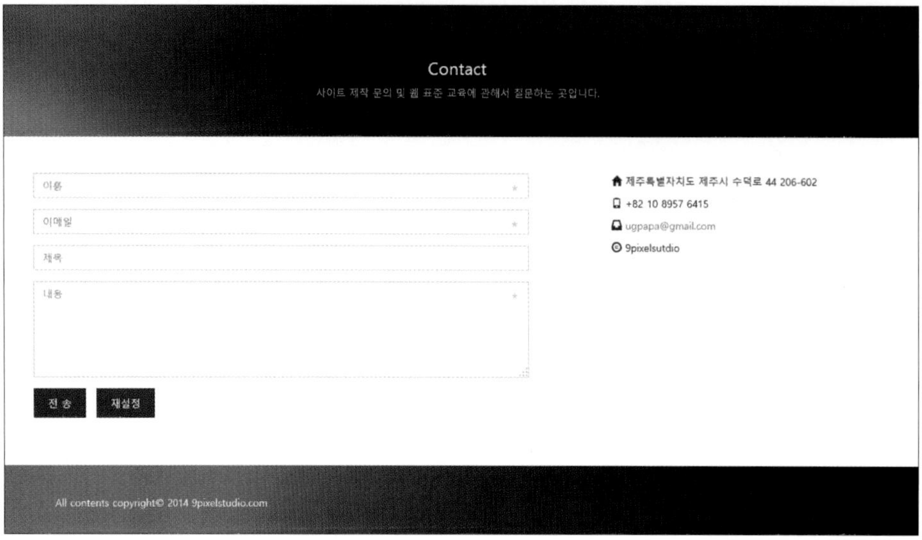

[그림 5-22] CSS 적용 후 Contact 부분

5.7 사이트 제작 – 특수 효과

싱글 페이지는 아주 간단한 웹사이트를 만들 때 아주 효과적이지만, 한 페이지에서 구동되기 때문에 약간의 특수효과만 추가해 주면, 보기에도 훌륭한 페이지로 거듭날 수 있습니다. 우선 예제에서 사용되는 특수 효과는 animatescroll.js, simpleparallax.js, waypoints.js와 animate.css입니다.

animatescroll 웹사이트는 http://plugins.compzets.com/animatescroll/입니다. animatescroll은 링크를 클릭하면, 링크가 걸린 곳까지 부드럽게 스크롤링이 되면서 작동하는데, 싱글 페이지 웹사이트를 만들 때 정말 유용한 플러그인입니다.

웹사이트에서 설명하는 사용 방법은 다음과 같습니다.

[예제 5-18] animatescroll 기본 사용 방법

```html
<html>
  <head>
    <script src="//ajax.googleapis.com/ajax/libs/jquery/1.8.3/jquery.min.js">
    </script>
    <script src="animatescroll.js">
  </head>
  <body>
    <div id="section-1">This is the element where you want to scroll to<div>

      /*
      * You may call the function like this
      * (but better would be to attach an event listener)
      */
    <a onclick="$('[jquery selector]').animatescroll([options]);">Go to Element</a>
  </body>
</html>
```

[예제 5-18]에서 보면 알 수 있듯이 해당 플러그인을 jQuery 플러그인 다음에 위치해 주고 링크가 걸리는 부분에 $('[jquery selector]').animatescroll([options]);와 같이 처리하면 됩니다. 실제 예제 파일에서는 Home에 대한 링크를 다음과 같이 처리하였습니다.

```html
<li><a href="#home" onclick="$('#home').animatescroll();">home </a></li>
```

[예제 5-18]에서 options라고 되어 있는 부분은 해당 웹사이트에 있는 옵션 부분을 참조하여 처리하면 됩니다.

Parallax(시차) 효과는 parallax가 적용된 부분이 스크롤링 될 때 원근감이나 속도 또는 깊이를 줄 수 있는 효과입니다. 현재 관련된 플러그인이 상당히 많이 존재하는데, 필자는 simpleparallax.js라는 플러그인을 적용하겠습니다.

simpleparallax.js는

http://designers.hubspot.com/docs/snippets/design/implement-a-parallax-effect 을 참조하였습니다.

사용 방법은 아주 간단합니다. simpleparallax.js를 jQuery 플러그인 다음에 추가한 후 다음과 같은 스크립트를 추가합니다.

```
$('.parallax-section-1').parallax({
    speed : 0.15 /* 속도는 임의로 조절 가능합니다. 기본값은 0.15입니다. */
});
```

여기서 .parallax-section-1 부분은 parallax가 적용되는 클래스 선택자 부분입니다. 이 부분에는 다음과 같이 CSS를 적용해 줘야 합니다.

```
.parallax-section-1 {
    height: 450px; /* 높이는 parallax가 적용되는 높이로 사용자가 지정 가능합니다. */
    background-position: center top; /* 배경 이미지 위치로 top, center, bottom
속성을 지정해 줄 수 있습니다. */
    background-repeat: no-repeat;
    background-attachment: fixed;
    background-image: url('배경 이미지의 URL);
}
```

현재 예제 페이지에서는 parallax가 적용되는 부분에는 다음과 같이 CSS가 적용되어 있습니다.

```
.content1 {
    background:url(../imgs/slide1_bg.jpg)  no-repeat center top fixed;
    background-size:cover;
}
.content2 {
    background:url(../imgs/slide1_bg.jpg)  no-repeat center centerfixed;
    background-size:cover;
}
.content3 {
    background:url(../imgs/slide1_bg.jpg)  no-repeat center bottom fixed;
    background-size:cover;
}
```

여기서 background-size:cover는 배경이미지로 사용될 이미지가 작을 경우 배경 전체에 맞게 이미지를 늘려주는 역할을 합니다. 따라서 parallax 효과를 구현할 때 보다 효율적으로 사용할 수 있습니다. 예제에서는 `height` 속성을 지정하진 않았는데, header에서 `padding: 40px 0;`을 적용함으로써, height 역할을 대신하고 있습니다.

parallax 효과는 별도의 예제를 실행해 봄으로써, 어떻게 동작하는지 확인해 보겠습니다.

[그림 5-23] Parallax 적용 예제 example/ch05/parasample.html

[그림 5-23]의 예제를 직접 실행해 보고 스크롤을 내리면 배경 이미지와 텍스트가 시차를 두고 움직이는 모습을 볼 수 있습니다. 실제 예제에서 해당 parallax 부분을 제거해서 그 차이점을 확인해 보는 것도 학습에 많은 도움이 될 것입니다.

waypoint.js는 정말 재미있는 jQuery 플러그인입니다. waypoint는 선택자로 지정한 부분까지 스크롤을 하게 되면 해당 선택자가 있는 부분에서 동작function을 실행하게 해주는 것입니다. 실제 예제를 실행해 보면 이해가 빠를 것입니다.

waypoint는 http://imakewebthings.com/jquery-waypoints/를 참조하기 바랍니다.

사용 방법은 다른 플러그인들과 동일합니다. waypoints.min.js 파일을 jQuery 다음에 위치해 주고, 다음과 같이 별도의 스크립트를 적용해 주면 됩니다.

```
$('.thing').waypoint(function(direction) {
  // 여기 function 부분 설정해 줌.
});
```

[그림 5-24] waypoint 작동 모습 example/ch05/waypointsample.html

[그림 5-24]의 예제를 실행한 후 스크롤을 끝까지 내리면 모달 윈도우가 작동하게 처리하였습니다. waypoint는 이와 같이 스크롤의 위치에 따라 해당 스크립트를 작동하게 처리하는 플러그인입니다. 예제에 사용된 소스를 좀 더 분석해 보겠습니다.

[예제 5-19] waypoint 설정 방법

```
...
<div class="end"></div> <!-- 문서 끝 부분에 end라는 클래스 선택자를 추가했습니다.
-->
...
  <script src="https://ajax.googleapis.com/ajax/libs/jquery/1.11.0/
jquery.min.js"></script>
<!-- Include all compiled plugins (below), or include individual files as
needed -->
  <script src="./js/bootstrap.min.js"></script>
  <script src="./js/waypoints.min.js"></script>
  ...
  <script>
    $('.end').waypoint(function(direction) {
      if (direction === 'down') { /* 스크롤 방향이 아래방향이면 */
    $('#myModal').modal('show') /* 모달 윈도우를 보여주게 함. */
      }
    }, {
      offset: '100%' /* 오프셋은 스크롤 위치를 의미함. 100%일 경우 스크롤의 끝 부분임.*/
```

182

```
      }).waypoint(function(direction) {
        if (direction === 'up') { /* 스크롤 방향이 윗쪽이면 */
          $('#myModal').modal('hide') /* 모달 윈도우는 감추게 됨 */
        }
      }); /* 스크롤 방향이 위쪽인 경우 offset를 설정해 줄 필요가 없어서 제거함 */
    </script>
  ...
```

[예제 5-19]에서 direction 부분의 경우 자바스크립트를 이용해서 CSS를 적용할 때에는 필요 없습니다. 실제 animate.css라는 애니메이션 전용 CSS를 사용해서 특수한 효과를 적용할 때는 direction을 사용하지 않습니다.

animate.css는 CSS3의 애니메이션을 하나의 CSS 파일로 만들어서 놓은 것입니다. 따라서 앞서 설명한 waypoint.js와 결합하게 되면 스크롤이 특정한 위치에 있을 때 웹 페이지에서 선택자로 지정한 부분에 애니메이션을 지정할 수 있게 됩니다.

animate.css는 http://daneden.github.io/animate.css/에서 확인하실 수 있습니다.

실제 책에서 사용된 예제에서는 .wp1부터 .wp5까지 waypoint를 지정했으며, 지정된 선택자 부분에는 [예제 5-19]와 비슷한 방식으로 아래와 같이 효과를 적용했습니다.

```
  $('.wp1').waypoint(function() {
    $('.wp1').addClass('animated fadeInLeft'); /* wp1 선택자 부분에
  fadeinLeft라는 클래스 선택자를 추가한다 */
    }, {
      offset: '75%'
    });
```

이렇게 되면 wp1 선택자가 적용된 부분에는 fadeinLeft라는 클래스 선택자가 추가되고, animate.css에 의해서 왼쪽에서 서서히 나타나는 효과가 적용되는 것입니다.

여기까지 예제에서 사용된 특수효과와 관련된 내용을 살펴봤습니다. 여기서 waypoint 같은 경우에는 활용할 방법이 무궁무진합니다. 그 방법은 여러분의 몫으로 남겨두도록 하겠습니다.

마지막으로 내비게이션 바 부분에는 부트스트랩의 Affix가 적용되어 있으며, CSS 파일은 별도의 style.css 파일로 분리하였습니다. CSS 파일을 별도로 분리할 경우 이미지들의 경로를 수정할 필요가 있습니다. 필자가 제공하는 예제 파일에서 style.css 파일과 step15.html에 적용된 style 부분에서 이미지 경로를 다시 한번 확인해 주기 바랍니다. 최종 완성 예제는 example/ch05/index.html입니다.

싱글 웹 페이지를 만들 때 상단에 내비게이션 바을 고정하게 되면, body 부분에 padding-top:90px과 같이 설정해야 하는데, 이 경우 해당 링크를 클릭하면 콘텐츠의 상단 부분에 90픽셀 정도가 잘리게 됩니다. 이 경우 해결하는 방법은 약간의 트릭을 사용하면 됩니다.

예제에서는 #portfolio, #contact{margin-top: -85px; padding-top: 85px}라고 지정하였는데, 사실 margin-top:-85px이라고 음수 값을 지정하고, 다시 패딩 값을 padding-top: 85px이라고 지정하면 값이 0이 됩니다. 하지만 이렇게 처리하게 되면 body에 적용된 90px의 값도 같이 상쇄되는 효과가 있어, 싱글 웹 페이지에서 콘텐츠가 잘리는 부분이 없어지게 됩니다.

정리하며

여기까지 학습하신 내용을 90% 이상 이해하면 부트스트랩은 완전히 정복했다고 볼 수 있습니다. 만약 이해가 안 되면, 다시 처음부터 예제를 하나씩 직접 입력하고 CSS 속성을 수정해 보면 부트스트랩이 점차 머리 속으로 들어오게 되며 손에 하나씩 익혀가게 되실 겁니다.

부트스트랩을 이용한
반응형 웹 페이지 쾌속 개발

이번 장에서는 부트스트랩을 이용해서 다양한 웹 페이지를 만들어 보겠습니다. 필자가 예전에 외국의 어떤 IT 블로그에서 "부트스트랩을 이용한 사이트들은 거의 모습이 비슷하지 않느냐?"라는 내용의 글을 본 적이 있는데, 그것은 5장에서 본 것과 같은 싱글 웹 페이지의 경우 부트스트랩을 이용하면 정말 간편하고 빠르게 제작할 수 있어 그러한 웹 페이지가 많기 때문일 것입니다.

그래서 6장에서는 실제 웹사이트들을 부트스트랩을 이용해서 거의 유사하게 변환해 보는 실습을 해보도록 하겠습니다. 실습 대상이 되는 실제 웹사이트들은 부트스트랩을 사용하지 않았습니다. 부트스트랩을 이용하면 얼마나 간편하고 빠르게 이러한 웹사이트들을 구성할 수 있는지를 체감할 수 있을 것입니다. 필자도 부트스트랩을 알고 난 후에는 사이트 디자인에 소요되는 시간이 거의 반 정도로 단축되었습니다. 여러분도 이 책을 통해 부트스트랩의 매력에 흠뻑 빠져들면 좋겠습니다.

6.1 영수증 폼 만들기

먼저 가장 간단한 영수증 폼부터 만들어 보도록 하겠습니다. 간단하게 만들 수 있지만 실제 사용하기에도 부족함이 없는 디자인입니다. 부트스트랩은 기본적으로 반응형 웹 페이지로 제작되기 때문에 어떤 기기에서도 최적의 결과물이 나오게 됩니다. 우선 결과물을 먼저 보겠습니다. [그림 6-1]을 보면 쇼핑몰에서 결제 후 보이는 영수증 폼인데, 디자인이 단순해 보이지만, 실제로 제작을 하려면 상당히 많은 시간을 투자해야 하는 부분이기도 합니다. 하지만 2장의 CSS에서 학습한 table 부분과 3장에서 학습한 panel 부분을 적절히 조합하기만 하면 아주 쉽게 만들 수 있습니다. 여기에 디자인 요소 몇 개만 추가해 주면 [그림 6-1]과 같은 결과를 얻을 수 있습니다.

우선 여기에 사용된 코드들은 3장의 3.13 섹션 'panel' 부분에 대부분 나오는 내용입니다. 따라서 여기서는 복습하는 마음으로 다시 한번 확인해 보도록 하겠습니다.

부트스트랩을 이용한 사이트에서 가장 먼저 할 일이 <div class="container"> 또는 <div class="container-fluid">를 이용해서 콘텐츠를 감싸는 것입니다. container는 최대 크기가 1170픽셀이고, container-fluid는 화면 전체를 사용합니다. 단 container-fluid는 오른쪽 왼쪽으로 15px의 패딩값을 가지고 있기 때문에 브라우저 전체를 사용할 경우에는 별도의 CSS에서 container-fluid의 패딩 속성을 다시 지정해 주면 됩니다.

영수증 폼의 핵심은 패널panel과 패널 내부에 있는 테이블입니다. 먼저 패널은 특이한 사항이 없습니다. 기본적인 패널로 구성되어 있는데, 복습하는 의미에서 다시 확인해 보겠습니다. 여기서 Panel content 부분에 테이블 태그를 구성하면 됩니다.

```
<div class="panel panel-primary">
  <div class="panel-heading">
    <h3 class="panel-title">Panel title</h3>
  </div>
  <div class="panel-body">
    Panel content
  </div>
</div>
```

[그림 6-1] 영수증 폼 결과물 example/ch06/invoice.html

테이블 태그 또한 2장에서 학습한 '테이블'의 구성과 동일합니다. 여기서 사용된 테이블에는 class="table table-condensed"가 적용되었습니다. 테이블의 각 셀에 있는 콘텐츠를 중앙 정렬하기 위해서는 td 태그에 class="text-center" 값을 적용해 주면 중앙 정렬됩니다. 이 예제에서 별도의 CSS가 적용된 부분이 합계가 있는 부분입니다. 합계가 있는 부분은 다음과 같이 별도의 클래스 선택자가 적용되어 있습니다.

[예제 6-1] 영수증 폼에 적용된 별도의 선택자 속성

```
...
<style>
  body { font-family: "Malgun gothic", sans-serif;}
  .table >tbody>tr> .no-line {border-top: none;}
  .table >tbody>tr> .thick-line {border-top: 2px solid;}
  .gr { background-color:#F2F2F0}
</style>
```

```
...
    <td class="thick-line"></td>
    <td class="thick-line text-center"><strong>합계</strong></td>
...
    <td class="no-line"></td>
    <td class="no-line text-center"><strong>운송비</strong></td>
...
```

[예제 6-1]에서 .no-line 부분은 border 상단에 적용된 선을 제거하는 것이고, .thick-line 부분에서 테두리의 두께를 2px로 두껍게 처리하였습니다.

나머지 부분은 소스 파일을 직접 열어서 확인해 보면 쉽게 이해할 수 있을 것입니다.

복잡한 부분이 없고 아주 간단합니다. 이렇듯 많이 사용하는 양식들을 예상 외로 부트스트랩의 panel과 table 속성을 이용하면 손쉽게 간편하면서 어떤 해상도에서도 잘 보이는 웹 페이지를 만들 수 있습니다. 반드시 예제를 작은 해상도 또는 큰 해상도에서 어떻게 보이는지 확인해보기 바랍니다.

6.2 스크롤에 따라 변화하는 메인 메뉴

앞서 학습한 영수증 폼은 가볍게 몸 풀기 정도의 예제로 보여 드린 것입니다. 이번 예제는 waypoint.js와 부트스트랩을 이용하여 스크롤에 따라 변화하는 메뉴를 만들어 보겠습니다. 이 예제는 요즘 굉장히 유행하는 메뉴 방식 중 하나입니다. 따라서 이 예제를 기반으로 자기만의 실력을 쌓으면 부트스트랩을 이용하지 않더라도 응용할 수 있는 많은 방법들이 있을 것입니다.

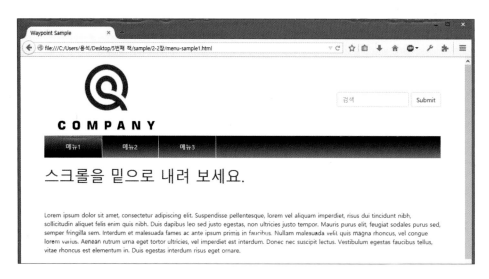

[그림 6-2] 상단 이미지는 웹 페이지가 로딩된 상태이고, 하단 이미지는 스크롤을 밑으로 내려줄 경우 특정 지점에서 다시 나타나는 메인 메뉴의 모습 example/ch06/menu-sample.html

이 예제는 약간의 트릭이 존재합니다. 어떤 트릭이냐 하면, 메인 메뉴 부분이 2개가 존재합니다. 하나는 [그림 6-2]의 상단 이미지와 같은 메뉴이고, 다른 하나는 그림에서 하단 이미지와 같은 메뉴입니다. 웹 페이지가 처음 로딩될 때는 하단 메뉴의 상태는 .hidden 속성이 적용되어 있어 보이지가 않고, waypoint를 이용해서 스크롤이 특정 위치를 가리키면 상단 메뉴에는 hidden 속성이 부여되고, 하단 메뉴에는 hidden 속성을 제거하는 것입니다. waypoint.js를 응용한 방법인데, 어떻게 자바스크립트가 적용되었는지 살펴보겠습니다.

[예제 6-2] waypoint를 활용한 자바스크립트

```
...
<script src="./js/waypoints.min.js"></script>
<script>
  $('.fix').waypoint(function(direction) { // 스크롤이 .fix를 가리키는 경우
    if (direction === 'down') { // 스크롤 방향이 down 이면
      $('.topfix').removeClass('hidden'); // .topfix 메뉴(하단) 부분에 있는
hidden 속성을 제거
      $('.menu').addClass('hidden'); // 상단 메뉴에는 hidden 속성을 부여한다.
    }
  }, {
    offset: '10'
}).waypoint(function(direction) {
    if (direction === 'up') { // 스크롤 방향이 up이면
      $('.topfix').addClass('hidden'); //  // 반대로 적용되게 처리함
      $('.menu').removeClass('hidden');
```

```
      }
    });
  </script>
  ...
```

[예제 6-2]를 보면 direction에 따라 waypoint를 활용하는 방법이 설명되어 있습니다. 이 자바스크립트를 응용하면 여러분이 스크롤에 따라 특정 요소들을 보여주거나 감출 수 있으며, 특정 부분을 animate.css와 결합하여 애니메이션을 추가해 줄 수도 있습니다.

이제 메뉴가 들어가는 부분에 적용된 코드를 확인해 보도록 하겠습니다. 메뉴는 2개로 구성되었는데, 기본적으로 하나의 메뉴는 .hidden 속성이 적용되어 있습니다.

[예제 6-3] 메인 메뉴가 적용된 부분 소스코드

```
...
<!-- 스크롤이 되면 나타나는 메뉴 -->
<nav class="navbar navbar-fixed-top topfix hidden" role="navigation"> ❶
  <div class="container">
  <div class="navbar-header">
    <button type="button" class="navbar-toggle" data-toggle="collapse"
data-target=".navbar-ex1-collapse"> ❷
    ...
    </button>
    <a class="navbar-brand" href="#"><img src="./imgs/smalllogo.png" alt="">
    </a>
  </div>
  <div class="collapse navbar-collapse navbar-ex1-collapse"> ❸
    <ul class="nav navbar-nav">
      <li class="active"><a href="#">메뉴1 </a></li>
      ...
    </ul>
    <form class="navbar-form navbar-right" role="search">
    ...
    </form>
  </div>
  </div>
</nav>
<!-- // 스크롤이 되면 나타나는 메뉴 -->
  <div class="menu"> <!-- 초기 메뉴  -->
    <div class="row"> ❹
      <div class="col-xs-8"><img src="./imgs/biglogo.png" alt=""></div>
```

```
      <div class="col-xs-4">
        <form class="navbar-form navbar-right" role="search">
        ...
        </form>
      </div>
    </div>
  <nav class="navbar navbar-default" role="navigation"> ❺
    <div class="navbar-header">
      <button type="button" class="navbar-toggle" data-toggle="collapse"
  data-target=".navbar-collapse"> ❻
      ...
      </button>
    </div>
    <div class="collapse navbar-collapse navbar-collapse"> ❼
      <ul class="nav navbar-nav">
        <li class="active"><a href="#">메뉴1 </a></li>
        ...
      </ul>
    </div>
  </nav>
  </div> <!-- // 초기 메뉴 -->

  ...
```

[예제 6-3]에서 ❶번 부분에 적용된 class 선택자에서 navbar-fixed-top topfix hidden 부분이 있는데, navbar-fixed-top은 이미 학습한 것과 같이 메뉴가 상단에 고정되어 있는 효과를 주는 부분입니다. topfix라는 선택자는 디자인을 위해서 별도의 속성을 적용하기 위해서 필자가 추가한 것이고, hidden 선택자는 부트스트랩에서 속성을 감출 때 사용합니다. 따라서 기본적으로 ❶ 부분은 감춰진 상태가 되는 것입니다.

❷에서는 data-target=".navbar-ex1-collapse"라고 적힌 부분과 ❸에서 navbar-ex1-collapse는 동일해야 합니다. ❻에서는 data-target=".navbar-collapse"를 적용했고, ❼에서는 navbar-collapse를 적용한 것입니다. 메뉴가 두 개이기 때문에 각기 다른 클래스 선택자가 적용된 것입니다. ❹에서는 로고와 검색 폼을 위해서 그리드 시스템을 적용한 후 ❺ 부분에 nav 태그를 이용하여 내비게이션을 따로 분리하였습니다.

여기서 주의할 점은, 부트스트랩의 일반적인 내브바는 navbar-brand라는 클래스 선택자가 지정된 부분(로고가 들어가는 부분)이 있는데, 이 부분을 제거하게 되면 왼쪽으로 약간의 공간이 생긴다는 것입니다([그림 6-3] 참조). 이 부분에 생기는 공간을 해결하는 방법은 부트스트랩에서 제공하는 내브바를 사용하지 않고 고유의 메뉴를 만들어서 스타일css을 입히는 방법과 기존의 내브바를 그대로 사용하면서 왼쪽 빈 공간을 제거하는 방법이 있습니다. 여기서는 기존의 내브바를 그대로 사용하면서 왼쪽의 공간을 제거해 보겠습니다.

[그림 6-3] navbar-brand를 제거하면 그림과 같이 왼쪽으로 공간이 생긴다.

방법은 무척 간단합니다. 내브바 부분에 적용된 클래스 선택자는 .nav와 .navbar-nav 이렇게 두 개입니다. 여기서 .nav 부분에 다음과 같이 스타일을 적용해 주면 됩니다.

```
.nav { margin-left: -15px}
```

이렇게 해야 하는 이유는 bootstrap.css에서 .navbar-header로 지정된 부분이 다음과 같이

```
margin-right: -15px;
margin-left: -15px;
```

왼쪽 오른쪽으로 -15px로 마진값이 지정되어 있어, margin-right:-15px로 지정된 부분을 다시 .nav에서 margin-left:-15px로 상쇄시키기 때문입니다.

예제에서 사용된 메뉴에는 그라데이션이 적용되어 있는데, 이 부분은 별도의 CSS 파일인 menubarcolor.css란 이름으로 지정했습니다. CSS3의 그라데이션 속성을 이용하여 처리하였는데, 필자는 주로 http://www.colorzilla.com/gradient-editor/를 이용하여 처리합니다. 예제에서 사용된 부분의 색상보다는, a:hover 부분에 적용된 속성을 참조하기 바랍니다.

이 예제의 주요 목적은 부트스트랩과 waypoint를 이용한 메뉴 효과에 있기 때문에, 디자인적인 요소에 대한 설명은 최소로 하였습니다. 나머지 CSS 및 HTML 속성은 제공된 예제 파일을 참조하시면 그렇게 어렵지 않을 것입니다.

6.3 실제 사이트를 부트스트랩으로 변경해서 만들어 보자

이번 예제는 실제 사이트를 부트스트랩을 이용하면 얼마나 간편하게 동일한 디자인으로 만들 수 있는지 알아보겠습니다. 실제 만들어 볼 예제는 http://store.apple.com/kr/buy-mac/imac으로 애플의 온라인 스토어 중 iMac의 일부를 만들어 보겠습니다. 애플 웹사이트는 부트스트랩이 적용되지 않았습니다(책이 출간된 후 해당 웹 페이지의 모습이 책의 예제와 다를 수 있습니다).

[그림 6-4]와 [그림 6-5]를 비교해 보면 거의 비슷한 모습으로 보일 것입니다. 물론 [그림 6-4]의 폭width이 [그림 6-5]보다는 작습니다. 브라우저를 줄이게 되면 폭도 거의 비슷하게 변경되긴 합니다. 이 둘의 차이점은 [그림 6-4]는 애플의 사이트이고 [그림 6-5]는 필자가 부트스트랩을 이용해서 거의 유사하게 만들었다는 것입니다. 그리고 가장 큰 차이점은 [그림 6-4]는 반응형 웹사이트가 아닙니다. 브라우저의 크기를 줄이더라도 폭이 고정되어 있는 반면, [그림 6-5]는 부트스트랩을 이용하였기 때문에 브라우저의 크기에 따라 폭도 변한다는 점입니다.

이런 예제를 마련한 이유는 부트스트랩을 이용해서 만든 사이트들은 부트스트랩만의 특징을 살린 기능을 넣다 보니 부트스트랩을 이용한 많은 사이트들이 유사하게 보이는 경우가 많습니다. 그래서 이번 예제를 통해서 부트스트랩이 적용되지 않는 사이트에도 부트스트랩을 이용하여 아주 빨리 페이지를 만들 수 있다는 것을 보여주고자 합니다.

부트스트랩의 기본적인 레이아웃은 그리드 시스템으로 시작해서 그리드 시스템으로 끝난다고 해도 과언이 아닐 것입니다. 예제에서 사용된 부분도 `<div class="col-sm-4">...</div>`로 구성되어 있습니다. 정확하게 말하면 다음과 같은 코드로 구성되어 있습니다.

[예제 6-4] 예제에 사용된 그리드 시스템

```
...
<div class="row product"> <!-- row 부분에 product라는 클래스 선택자를 추가해 줌 -->
  <div class="col-sm-4">
    <div class="thumbnail">
    ...
    </div>
  </div>
</div>
...
```

[그림 6-4] 실제 애플 온라인 스토어 중 iMac 부분

    코드에서 row 부분에 별도의 **product**라는 클래스 선택자를 추가해 주면 해당 row 부분에 적용된 클래스 선택자들을 별도의 하위 선택자로 지정하여 속성을 제어할 수 있습니다. 기본적으로 부트스트랩에서는 **thumbnail** 선택자에는 border 값이 적용되어 있는데, 이 부분을 다음과 같이 설정해 주면 border 값이 없어지게 됩니다.

```
.product .thumbnail { border: none;}
```

[그림 6-5] 부트 스트랩을 이용하여 거의 비슷한 디자인으로 만들어 본 페이지

example/ch06/shopping-sample.html

이런 방식으로 그리드 시스템의 시작을 알리는 `<div class="row">` 부분에 별도의 클래스 선택자를 지정해 주게 되면 웹사이트의 레이아웃을 손쉽게 관리하고 디자인을 입힐 수 있게 되는 것입니다. [그림 6-5]에서 iMac 선택하기 부분을 보면 다음과 같은 코드로 구성되어 있습니다.

```
...
<header class="prodcthead">
  <h1>iMac 선택하기</h1>
  <div class="sns pull-right">
    <ul>
      <li><a href="#" class="facebook">공유하기 </a></li>
      <li><a href="#" class="twitter">트윗하기</a></li>
    </ul>
  </div>
</header>
...
```

[예제 6-6] header 부분에 적용된 CSS 스타일

```
...
header.prodcthead{ border-bottom: 1px solid #ccc; padding: 20px 0;}
.sns{ padding-top: 10px;}
.snsul li { display: inline;}
.sns a { padding: 10px 10px10px 25px;   }
a.facebook{ background: url(./imgs/facebook.png) no-repeat left center;}
a.twitter{ background: url(./imgs/twitter.png) no-repeat left center;}
header.prodcthead h1 { font-size: 28px; display: inline; }
...
```

[예제 6-5]를 보면 h1의 기본 속성은 block 속성이기 때문에 [예제 6-6]에서 header.prodcthead h1을 통하여 display:inline; 속성을 적용하였습니다. block 속성이 남아 있게 되면 sns로 지정된 클래스 선택자 부분은 동일 선상에 위치해 있을 수 없습니다. sns 부분은 pull-right 속성을 적용하여 오른쪽으로 배치하였습니다. 페이스북과 트위터의 아이콘들을 CSS에서 백그라운드 속성을 이용하여 처리하였습니다. 아이콘들을 백그라운드 이미지를 이용해서 처리하는 이유 중 하나는 이미지의 배치가 쉽다는 데 있습니다. 예제에서 백그라운드 이미지 말고 직접 img 태그를 사용하게 되면 이미지의 크기에 따라 텍스트의 위치가 상단 또는 하단으로 가는 경우가 많은데, 백그라운드로 처리하게 되면 적은 노력으로 아이콘 배치를 원하는 곳에 배치할 수 있는 장점이 있기 때문입니다.

나머지 속성들은 직접 예제 파일의 소스를 보면 어렵지 않기 때문에 생략하도록 하겠습니다. 이 예제의 핵심 포인트는 부트스트랩을 이용하면 아주 적은 코드로 최상의 효과를 낼 수 있다는 것입니다.

6.4 실제 사이트를 만들어 보자 2

이번 예제는 조금 더 복잡한 사이트를 부트스트랩으로 만들어 보겠습니다. 사이트 전체를 만드는 것은 아니고 사이트의 일부를 만들어 보겠는데, 만들려는 사이트는 http://www.samsung.com/sec/입니다. 여러분도 아시는 세계 최고의 전자회사 사이트입니다. 현재 예제에서 사용된 이미지들과 책이 출간된 후에는 실제 사이트에 사용된 이미지는 다를 수 있습니다. 전체적인 레이아웃만 참조하기 바랍니다. 또한 사이트 전체를 동일하게 제작하진 않고 부트스트랩을 사용하여 최대한 비슷하게 제작하는 것을 목표로 작업을 진행하도록 하겠습니다.

[그림 6-6]은 실제 삼성전자 사이트의 모습입니다. [그림 6-7]은 부트스트랩을 이용해서 삼성전자 사이트의 일부분을 만들었습니다.

사이트 디자이너와 개발자들은 항상 다른 사이트의 구조와 디자인을 벤치마킹 할 필요가 있습니다. 벤치마킹한 결과를 현재 개발 중인 사이트 또는 개발할 사이트에 반영을 하게 되면, 클라이언트들에게 사이트를 설명할 때 아주 편리할 뿐만 아니라 좋은 반응을 기대할 수 있습니다. 또한 시간적 여유가 있으면, 현재 예제와 같이 사이트를 디자인 요소들은 복사하고, 사이트의 구조는 자기만의 방식으로 만들어 보는 것도 많은 도움이 될 수 있습니다.

여기서 주의할 것은 벤치마킹은 참조하여 새로운 것을 만들어 내는 것이기 때문에 예제와 같이 레이아웃이나 기타 그래픽적인 요소를 카피하는 것은 결코 바람직하지 않습니다.

실제 삼성전자 사이트도 반응형으로 작동은 합니다. 하지만 반응형이 1024px이 가장 작은 해상도로 그 이상의 해상도에서 폭width이 100%로 작동하게 처리하였습니다. 필자가 만든 사이트는 1024px을 기본으로 그 이상의 해상도(최대 1980px)와 아주 작은 해상도에서도 작동하게 만들었습니다. 물론 부트스트랩으로 제작하였기 때문에 많은 시간과 노력을 투입하지 않고 만들 수 있었습니다.

[그림 6-6] http://www.samsung.com/sec/ 실제 사이트 모습 (중간생략)

[그림 6-7] **부트스트랩을 이용해서 만든 사이트** example/ch06/sec.html

　　[그림 6-8]의 왼쪽은 삼성전자 사이트이고, 우측 화면은 필자가 만든 사이트입니다. 필자가 만든 사이트는 부트스트랩을 이용하였기 때문에 화면을 축소하면, 그 화면에 맞는 해상도로 변경됩니다.

　　예제에서는 기존 부트스트랩에서 제공되는 부분을 많이 가공해야 하는 부분이 있습니다. [그림 6-7]의 메인 메뉴 부분을 보면, 메뉴가 2단으로 구성되어 있습니다. "로그인 ~" 부분과 "제품정보 ~" 부분 이렇게 말이죠. 하지만 부트스트랩에서는 기본적으로 1단으로 구성되어 있습니다. 이 부분을 어떻게 처리해야 하는지, 또한 작은 해상도에서는 메뉴 부분이 많을 필요가 없는데 2단으로 구성된 메뉴가 [그림 6-8]과 같은 작은 해상도에서는 어떻게 보여줄 것인가 하는 문제를 살펴보겠습니다.

부트스트랩의 캐러셀 부분에 적용된 caption은 기본적으로 중앙 하단에 배치되는데, 예제에서는 우측 상단에 배치되어 있습니다. 이 부분에 대해서도 어떻게 캡션의 위치를 변경하는지에 대한 학습을 하겠습니다.

추천 상품 부분에도 특별한 효과가 적용되어 있는데, 이 부분도 간단하게 살펴 보도록 하겠습니다.

[그림 6-8] 삼성전자 사이트 축소 후 모습(좌)과 필자가 만든 사이트 축소 후 모습(우)

예제와 실제 사이트에서 또 하나의 차이점은 예제에서는 내브바navbar 부분이 상단에 고정되어 있어 화면을 아래로 스크롤 해도 메뉴는 고정됩니다([그림 6-9] 참조). 삼성전자 사이트는 메인 메뉴는 스크롤에 따라 같이 움직입니다. 부트스트랩을 이용한 사이트의 경우에는 간단한 클래스 선택자만 적용해 주면 내브바 부분이 아주 쉽게 고정되는 것을 이미 앞선 예제들을 통해서 배웠습니다.

이제 예제의 소스코드를 하나씩 살펴보도록 하겠습니다. 사이트 작업에서 가장 먼저 해야 하는 일은 전체적인 구조를 잡는 것입니다. 예제 사이트의 경우 전체 화면을 다 사용하기 때문에 전체 레이아웃은 `<div class="container-fluid">...</div>`를 사용합니다. 부트스트랩에서 `.container-fluid` 속성은 `padding-left:15px; padding-right:15px;`로 양 옆쪽으로 15px의 공간이 있습니다. 따라서 예제에서와 같이 화면 양 옆의 공간을 제거하기 위해서는 별도의 스타일로 `.container-fluid{padding-left: 0; padding-right: 0}`를 적용해야 합니다.

부트스트랩은 기본적으로 Glyphicon Halflings 세트의 폰트 기반의 180개의 아이콘을 포함하고 있습니다. 180개의 아이콘이 많은 것처럼 보이지만, 사실 그렇게 많진 않습니다. 그리고 다양한 종류가 없어서 조금 특이한 아이콘을 찾으려면 찾기도 힘듭니다. 부트스트랩에서 기본으로 제공되는 아이콘보다 훨씬 많은 479개의 아이콘을 제공하는 사이트가 있습니다.

http://fontawesome.io/라는 사이트로 부트스트랩과 동일하게 font 파일을 다운 받아서 다음과 같이 웹 페이지 <head>...</head> 태그 사이에 다음과 같이 적용해도 되고,

```
<link rel="stylesheet" href="path/to/font-awesome/css/font-awesome.min.css">
```

또는 CDN을 이용해서 다음과 같인 link를 이용하거나,

```
<link href="//maxcdn.bootstrapcdn.com/font-awesome/4.2.0/css/font-awesome.min.css"
rel="stylesheet">
```

또는 CSS 내부에 @import를 이용해서 처리해도 됩니다.

```
@import url(http://netdna.bootstrapcdn.com/font-awesome/4.0.3/css/font-awesome.min.css);
```

예제에서는 마지막 @import 방법을 사용하겠습니다.

자세한 사용법은 해당 사이트를 참조하기 바랍니다.

[그림 6-9] 화면이 스크롤되어도 메인 메뉴 부분은 고정된다.

내브바 부분은 header 태그를 이용하여 감쌌으며 전체적인 소스코드를 보면서 설명 하도록 하겠습니다.

[예제 6-7] header 부분에 적용된 HTML 코드

```
...
<div class="container-fluid">
<header>
  <nav class="navbar navbar-fix navbar-fixed-top" role="navigation"
id="navbar-scroll"> ❶
    <div class="container">
    <div class="navbar-header">
      <button type="button" class="navbar-toggle" data-toggle="collapse"
data-target=".navbar-collapse1"> ❷
        <span class="sr-only">Toggle navigation</span>
        <span class="icon-bar"></span>
        ...
      </button>
      <a class="navbar-brand" href="#"><img src="./imgs/logo.png" alt="삼
성"></a>
    </div>
    <div class="collapse navbar-collapse navbar-right"> <!-- 1단 메뉴 부분
--> ❸
      <ul class="nav navbar-nav nav-top">
        <li><a href="#">로그인</a></li>
        <li><a href="#">제품등록</a></li>
        ...
      </ul>
    </div>
    <div class="collapse navbar-collapse navbar-right navbar-collapse1">
<!-- 2단 메뉴 부분 --> ❹
      <ul class="nav navbar-nav nav-main">
        <li><a href="#" >제품정보 </a></li>
        <li><a href="#"><i class="fa fa-shopping-cart"></i> 스토어 </a></
li> ❺
        ...
      </ul>
      <form class="navbar-form navbar-left" role="search">
        <div class="form-group">
        ...
        </div> <!-- /.navbar-collapse -->
      </div>
```

```
    </nav>
  </header>
  ...
```

[예제 6-7]에서 ❶에 적용된 클래스 선택자는 navbar navbar-fix navbar-fixed-top 이렇게 3개의 선택자가 적용되어 있습니다. 학습한 것을 계속해서 반복하지만, navbar-fixed-top이 적용되면, navbar에 있는 메뉴들은 container-fluid를 적용하지 않더라도 폭width이 100%의 넓이를 가지게 됩니다(3장의 example/ch03/navbar-topfix-nocontainer.html 참조). 이 경우 해결 방법은 내부에 다시 container 클래스 선택자로 감싸는 것입니다(example/ch03/navbar-topfix.html 참조).

❷번을 보면 data-target=".navbar-collapse1"이라고 적용되어 있는데, 이 부분이 ❹번에 있는 navbar-collapse1과 연동되는 부분입니다. ❸에는 해당 클래스 선택자가 적용되어 있지 않고 단순하게 navbar-collapse만 적용되어 있는데, 이렇게 data-target에 지정된 부분(❹번)만 웹 페이지가 작아지더라도 메뉴가 보이고, data-target이 지정되지 않으면 메뉴가 보이질 않게 되는 것입니다. 각 메뉴들은 고유의 스타일로 디자인 하기 위해서 별도의 클래스 선택자 nav-top과 nav-main을 적용하였습니다.

❺번에는 〈여기서 잠깐〉에서 언급한 아이콘이 적용되어 있습니다. 부트스트랩에서 제공되는 아이콘보다 종류가 많고 디자인적으로도 훨씬 뛰어납니다.

슬라이드 부분 즉 캐러셀이 적용된 부분은 container-fluid의 영향으로 화면을 축소하거나 확대할 경우 폭이 100%로 작동하게 됩니다.

[그림 6-10] 추천상품 부분 적용된 효과

추천상품 부분은 이제 그냥 봐도 그리드 시스템이 적용된 것을 알 수 있을 것입니다. 그리고 각 상품들은 <div class="thumbnail">...</div>로 감쌌습니다. 또한 각 상품에 마우스를 오버hover를 할 경우 빨간 테두리가 생기고, 이미지가 살짝 위로 올라가는 효과를 볼 수 있습니다. 이 부분은 CSS 속성이 어떻게 적용되었는지 확인해 보겠습니다. 이런 디자인적인 효과는 HTML에서 구현하는 것이 아니라 CSS에서 구현하기 때문입니다.

[예제 6-8] 추천 상품에 적용된 CSS 속성

```
...
.thumbnail { border-radius: 0; position: relative; z-index: 1; border:
2px solid #fff; outline: 1px solid #ccc}
   .thumbnail:hover { border: 2px solid red; outline: 0; }
   .thumbnail a:hover { text-decoration: none}
   .thumbnail:hoverimg{ position: relative; top: -4px; }
...
```

부트스트랩에서 사용되는 thumbnail 클래스 선택자는 border-radius 속성을 지니고 있습니다. 따라서 예제와 같이 둥근 테두리가 필요 없을 경우에는 border-radius 부분을 0으로 처리하면 됩니다. CSS 속성에서 테두리를 지정하는 속성은 border 속성도 있지만 outline 속성도 있습니다. border 속성은 상하좌우 이렇게 4개의 방향에 대해서 따로 속성을 지정해 줄 수 있지만 outline는 오직 하나의 속성만 지정합니다. 따라서 예제와 같이 outline을 이용해서 외부 테두리를 지정하고, hover 속성이 지정될 때 즉 thumbnail:hover일 경우에만 border 속성을 지정하면, 디자인적으로 아주 깔끔하게 처리할 수 있습니다. border만 가지고 처리하는 경우, 평상시와 hover일 때 border의 두께가 다르게 되면, 전체 레이아웃이 틀어지게 됩니다. 이 부분은 직접 한번 실험해 보시기 바랍니다. outline을 배제하고 다음과 같이 변경해 보시기 바랍니다.

```
.thumbnail {border: 1px solid #ccc}
.thumbnail:hover { border: 2px solid red; }
```

마지막으로 마우스 오버시 이미지가 살짝 움직이게 처리하는 것은 CSS3의 애니메이션 속성을 이용해 볼 수도 있지만, position 속성을 이용해서 처리하면 간단합니다. 아래와 같이 CSS 속성을 지정하면 .thumbnail 내부에 있는 img 태그로 지정된 부분이 상단으로 -4픽셀 정도 움직이게 되는 것입니다.

```
.thumbnail:hoverimg{ position: relative; top: -4px; }
```

마지막으로 CSS3의 애니메이션 속성은 설명은 하진 않고 여러분들이 직접 소스 파일을 확인해 보시기 바랍니다(example/ch06/sec-ani.html 참고).

6.5 기본으로 제공되는 캐러셀 효과 변형하기

부트스트랩에서 기본으로 제공되는 캐러셀 효과는 아주 다양한 사이트에 사용할 수 있습니다. 실제 캐러셀 효과와 동일한 효과를 내는 jQuery 플러그인들은 인터넷 검색 한번이면 아주 많이 찾을 수 있습니다. 부트스트랩에서 제공하는 캐러셀은 다른 jQuery에 비해 사용이 편리하지만, 효과가 타 플러그인에 비해 부족한 것이 사실입니다. 하지만, 부트스트랩에서 제공되는 캐러셀 또한 사용자가 어떻게 변형하느냐에 따라 아주 다양한 효과를 낼 수 있습니다.

[그림 6-11]을 보면 부트스트랩에서 제공되는 캐러셀 효과를 변형하여 새로운 캐러셀 효과를 만들었습니다. 이런 캐러셀은 특히 쇼핑몰에서 많이 사용되기 때문에 이 소스 파일 하나만 있으면 다양한 사이트에 적용할 수 있을 것입니다.

전체적인 코드는 별로 복잡하지 않는데, 기본 레이아웃이 부트스트랩에서 제공된 캐러셀을 이용하고, 약간의 자바스크립트만 추가하면 되기 때문입니다. [그림 6-11]에서 보면 기본으로 제공되는 캐러셀과 다른 점이 있다면, 화면 하단 부분에 슬라이드와 연동된 텍스트가 있는데, 이 부분은 기본으로 제공되는 캐러셀의 Indicators 부분을 변형한 것이라고 보면 됩니다.

[그림 6-11] 부트스트랩 기본 제공 캐러셀 변형

[그림 6-11]에 적용된 HTML 코드를 확인해 보겠습니다.

[예제 6-9] 변형된 캐러셀 HTML 코드

```
<div id="custom_carousel" class="carousel slide" data-ride="carousel"
data-interval="2500"> ❶
  <div class="carousel-inner">
    <div class="item active">
      <img src="./imgs/0523_Q9000_MainKV.jpg" alt="">
        <div class="carousel-caption">
          <h1>이렇게 또 한번 바람을 ...</h1>
        </div>
    </div>
    ...
  </div>
  <div class="controls"> ❷
    <ul class="nav">
      <li data-target="#custom_carousel" data-slide-to="0"
class="active"><a href="#">이렇게 또 한번 바람을 일으키...</a></li>
      ...
    </ul>
  </div>
</div>
```

[예제 6-9]에서 ❶번을 보면 일반적인 캐러셀과 거의 동일합니다. 아이디 선택자를 이용하여 캐러셀의 이름을 지정하였습니다. 아이디 선택자는 자바스크립트에서 사용됩니다. 클래스 선택자는 부트스트랩에서 기본으로 제공하는 클래스 선택자 이름과 동일합니다. 여기서 `data-ride="carousel"`이란 항목이 있는데, 이 속성은 캐러셀이 자동으로 애니메이션하게 처리하는 속성입니다. 만약 이 속성을 적용하지 않을 경우 반드시 자바스크립트를 이용하여 캐러셀을 애니메이션 되게 처리해야 합니다. 다음의 코드를 별도로 추가해야 합니다.

```
<script>
  $('.carousel').carousel()
</script>
```

바로 이전에 다루었던 예제 example/ch06/sec-ani.html에서도 캐러셀을 동작하기 위해서 위의 코드가 입력되어 있습니다.

또 하나의 속성으로 data-interval="2500"은 캐러셀 애니메이션 구동 시간입니다. 1
부 4장에서 캐러셀 옵션에서 나옵니다.

❷번 부분이 캐러셀에서 기본 제공되는 소스코드 부분을 변형한 것입니다. 기본 제공
되는 캐러셀에는 다음과 같이 코드가 되어 있을 것입니다.

```
<ol class="carousel-indicators">
  <li data-target="#carousel-generic" data-slide-to="0" class="active"></li>
  ...
</ol>
```

이 부분을 다음과 같이 변형한 것입니다.

```
<div class="controls">
  <ul class="nav">
    <li data-target="#custom_carousel" data-slide-to="0" class="active">...</li>
  </ul>
</div>
```

코드를 비교해 보면 알겠지만 거의 유사합니다. 다만 변형된 캐러셀 부분에는 별도의
디자인과 효과를 추가하기 위해서 기본 제공된 부분에서 class="carousel-indicators"
는 제거하고 별도의 클래스 선택자를 추가해 준 것입니다. <ul class="nav"> 부분은 부
트스트랩의 기본 내비게이션 속성입니다.

이 부분에 별도의 CSS만 추가해 주면 디자인 작업까지 완료되는 것입니다.

[예제 6-10] 캐러셀 부분에 적용된 별도의 CSS 코드

```
#custom_carousel .controls{
  overflow-x: auto;   /* X축으로의 오버플로우는 자동 처리 */
  overflow-y: hidden;   /* Y축 오버플로우는 감춤 */
  padding:0;
  margin:0;
  white-space: nowrap;   /* 줄바꿈을 허용하지 않음 */
  text-align: center;   /* 텍스트 가운데 정렬 */
  position: relative;
  background:#808080;
}
#custom_carousel .controls li {
```

```
    display: table-cell; /* 디스플레이 속성은 table-cell로 이 속성은 table의 td
와 같은 역할을 합니다. */
    width: 1%; /* 반드시 width는 1%로 해야만 컨트롤 부분이 정확한 비율로 정리됩니다.
예를 들어 컨트롤 부분이 3개의 탭이 있다면, 33.3%로 4개의 탭이 있다면 25%로 변경되는 것
입니다. 이 부분은 ★사이트를 참조했습니다. */
    max-width:90px; /* 브라우저 크기가 줄었을 때 최대 넓이를 90픽셀로 고정합니다. */
}
#custom_carousel .controlsli.active { /* 탭이 액티브 상태일 때 속성입니다. */
    background-color:#2A2A2A;
border-top:3px solid #FF0000;
}
#custom_carousel a { color: #fff}
#custom_carousel a:hover { color: #000}
.controls li { border-left: 1px solid #ccc}
```

★ 사이트 http://www.456bereastreet.com/archive/201310/full-width_justified_vertically_centered_navbar/

이제 별도의 자바스크립트만 추가해 주면 됩니다.

[예제 6-11] 변형된 캐러셀에 추가된 자바스크립트

```
<script>
  $(document).ready(function(ev){ // 사용자가 마우스를 클릭했을 때
    $('#custom_carousel').on('slide.bs.carousel', function (evt) {
        // 캐러셀의 현재 활성 요소 및 슬라이드 방향을 제어
        $('#custom_carousel .controls li.active').removeClass('active');
        // 마우스 클릭시, 클래스 선택자 active 부분을 제거하고
        $('#custom_carousel .controls li:eq('+$(evt.relatedTarget).
index()+')').addClass('active');
        // 클릭한 부분에 active 클래스 선택자를 추가합니다.
    })
  });
</script>
```

부트스트랩에서 제공되는 캐러셀은 기본적인 애니메이션이 오른쪽에서 왼쪽으로 슬
라이드가 됩니다. 하지만 별도의 CSS를 추가하게 되면 fade(서서히 나타나는) 효과도
가능하게 됩니다. 이것은 CSS3의 transition 효과를 이용한 것으로 CSS3가 지원되지 않
는 브라우저의 경우 효과가 나타나지 않을 수도 있습니다.

다음의 CSS 속성을 추가해 보시기 바랍니다.

```css
.carousel .item {
  -webkit-transition: opacity 3s;
  -moz-transition: opacity 3s;
  -ms-transition: opacity 3s;
  -o-transition: opacity 3s;
  transition: opacity 3s;   /* CSS3의 transion 효과 적용 */
}
.carousel .active.left {
  left:0;opacity:0;z-index:2;
}
.carousel .next {
  left:0;opacity:1;z-index:1;
}
```

여기까지 캐러셀을 이용한 변형된 디자인과 fade 효과에 대해서 학습했습니다. 이제 6장의 마지막으로 지금까지 배운 모든 예제들을 복합적으로 적용한 쇼핑몰 레이아웃을 하나 만들어 보도록 하겠습니다.

6.6 부트스트랩을 이용한 쇼핑몰 프론트 페이지 만들기

마지막 예제는 지금까지 학습한 내용을 총 복습하는 방향으로 진행하도록 하겠습니다. 부트스트랩을 이용하게 되면, 다양한 사이트들을 빠른 시간 내에 제작할 수 있습니다. 따라서 이번 예제는 쇼핑몰 사이트를 하나 만들어 보겠습니다. 일반 사이트에 비해서 구조가 조금 더 복잡하며 많은 요소가 들어가기 때문입니다. 여기에 사용된 모든 효과들은 거의 모든 부분이 앞 부분에서 학습한 내용이며, 그 부분들을 결합한 것이라고 볼 수 있습니다. 또한 이 예제는 일반적인 상황에서 이럴 경우에는 어떻게 처리하면 좋을까 하는 고민도 해결할 수 있는 방향을 제시하도록 하겠습니다.

[그림 6-12] 쇼핑몰 예제 사이트 example/ch06/shop-sample.html

　　[그림 6-12]는 PC 화면에서 볼 때 웹 페이지의 모습이고, [그림 6-13]은 모바일에서 볼 때 웹 페이지 모습입니다. [그림 6-12]를 보면 로고와 메뉴 그리고 검색 있는 곳이 부트스트랩의 기본적인 내브바와는 약간 차이가 있습니다. 모바일 화면 [그림 6-13]에서도 부트스트랩에서는 메뉴 부분이 아이콘만 보이는 데 반해 예제에서는 검색 아이콘이 별도로 있습니다.

[그림 6-13] 모바일 화면에서 볼 때 모습   [그림 6-14] 상품에 마우스 오버시 나타나는 효과

또한 [그림 6-12] 하단을 보면 그리드 시스템을 적용했는데, 이 부분이 5단 그리드입니다. 보통 부트스트랩의 그리드는 12의 약수가 되는 1, 2, 3, 4, 6, 12로 구성됩니다. 따라서 5단 또는 7단 그리드인 경우 부트스트랩의 기본 그리드 시스템에서는 구현하기가 조금 어려운 점도 있는데, 이번 예제를 통해 어떻게 5단 또는 7단 그리드 시스템을 구성하는지에 대해서도 학습해 보도록 하겠습니다.

특히 이번 예제는 해당 상품에 마우스를 오버할 경우 [그림 6-14]와 같이 돋보기 아이콘이 나타나게 되는데, 이 부분은 어떻게 처리하는지도 학습을 할 예정입니다.

가장 먼저 header 부분 소스코드를 확인해 보도록 하겠습니다.

[예제 6-13] 헤더 부분 소스코드

```
...
<header>
<div class="row">
  <div class="col-xs-7 col-sm-6"><h1 class="text-hide logo">company</
h1></div> ❶
  <div class="col-xs-5 col-sm-6 vcenter"> ❷
    <button type="button" class="navbar-toggle" data-toggle="collapse"
data-target=".navbar-ex1-collapse">
    <span class="sr-only">Toggle navigation</span>
    <span class="icon-bar"></span>
...
    </button>
    <button type="button" class="navbar-toggle" data-toggle="modal" data-
target="#myModal"> ❸
      <i class="fa fa-search"></i> ❹
    </button>
    <form class="form-inline pull-right search-form" role="form">
      <div class="form-group">
        <input type="text" class="form-control" placeholder="검색">
      </div>
      <button type="submit" class="btn btn-default"><i class="fa fa-
search"></i> ❺
      </button>
    </form>
  </div>
</div>
<nav> ❻
  <ul class="nav nav-justified nav-back collapse navbar-collapse navbar-
ex1-collapse">
    <li class="active"><a href="#">쇼핑몰 홈</a></li>
    <li ><a href="#">패션 뷰티</a></li>
    ...
  </ul>
</nav>
</header>
...
```

[예제 6-13]에서 로고와 검색 부분은 그리드 시스템을 적용한 것을 알 수 있습니다. 로고 부분에는 `<div class="col-xs-7 col-sm-6">...</div>`가 적용되었고, 검색 부분은 `<div class="col-xs-5 col-sm-6 vcenter">...</div>`가 적용되었는데, col-xs-* 는 최저 해상도, col-sm-*은 중간급 이상의 해상도를 의미한다는 것은 이젠 다 아실 것입니다.

❶에 있는 로고 부분을 보면 `<h1 class="text-hide logo">company</h1></div>` 와 같이 적용되어 있는데, company라는 텍스트는 결과 화면에서는 이미지로 교체되어 있습니다. 그 이유는 부트스트랩에 있는 text-hide라는 클래스 선택자를 적용하면 해당 텍스트는 없어지기 때문이며, 필자가 별도로 지정한 logo라는 클래스 선택자를 이용하여 백그라운드 이미지로 로고 부분을 처리하였기 때문입니다. 그렇다면 백그라운드로 처리된 로고 부분에 링크를 걸려면 어떻게 처리해야 할까요? 이 부분은 직접 여러분께서 방법을 찾아보시기 바랍니다. 만약 모르겠다면, 필자에게 메일을 보내주시면 해답을 알려드리겠습니다.

❷에 있는 검색 부분에는 별도의 vcenter라는 클래스 선택자를 적용했는데, vcenter라는 클래스 선택자가 하는 역할은 검색 부분이 로고를 기준으로 수직으로 중간에 위치하게 처리하는 것입니다. 만약 vcenter라는 별도의 클래스 선택자가 적용되지 않으면 결과는 [그림 6-15]와 같이 보이게 됩니다.

[그림 6-15] 검색 부분에 별도의 선택자를 적용하지 않을 경우 결과

vcenter의 속성을 한번 살펴보겠습니다. 이 속성은 사이트 제작시 상당히 유용하기 때문에 별도로 메모를 해 두면 아주 편리합니다.

```
.vcenter {
  display: table-cell;
    float: none;height: 120px /*any value*/;
    vertical-align: middle;
}
```

여기서 height 부분은 사용하는 사이트에 따라 조정해서 사용해야 합니다. 예제 사이트에서 로고가 들어간 부분의 높이를 종합적으로 계산하여 120픽셀이라는 값을 적용한 것입니다.

❸에는 button이 있는데, 여기는 navbar-toggle이라는 클래스 선택자가 적용되어 있어서, 데스크탑 해상도에서는 보이지 않고, [그림 6-13]에서와 같이 모바일 화면에서 별도의 버튼 아이콘이 보이게 처리한 부분입니다. 그리고 이 부분에는 data-toggle="modal" data-target="#myModal"이란 속성이 적용되어 있어, 클릭하면 모달 윈도우가 작동되게 처리한 것입니다. 모달 윈도우 부분은 예제 소스코드를 보면 확인할 수 있습니다.

❹는 〈여기서 잠깐〉 부분에서 소개된 http://fontawesome.io/의 아이콘을 적용한 부분입니다.

❺는 실제 내비게이션 바 부분이며 nav-justified라는 선택자를 적용하여 메뉴의 크기가 양쪽으로 정렬되게 처리하였습니다. 그리고 nav-back을 적용하여 배경 색상을 지정하였습니다.

캐러셀 부분은 6.5절의 "기본으로 제공되는 캐러셀 효과 변형하기"와 동일하기 때문에 생략하도록 하겠습니다. 다만 화면을 축소할 경우 [그림 6-13]에서와 같이 텍스트가 사라지게 되는데, 이 부분은 별도의 CSS에서 @media 속성을 적용하여 처리하였습니다. 이 부분은 어떻게 처리해야 하는지 확인해 보도록 하겠습니다.

```
@media (max-width:768px){ /* 최대 해상도가 768px인 경우란 의미는 화면이 768px
보다 작은 경우를 말하는 것입니다. */
    .search-form { display: none;} /* 검색 부분은 감추고 */
    h1.logo { background-size: 85%} /* 백그라운드로 처리한 로고의 크기도 85%로 축소 */
    #custom_carousel a { display: none;} /* 캐러셀 부분의 텍스트 부분을 제거함 */
}
```

부트스트랩에서 기본적으로 제공되는 것 이외에는 개발자가 직접 CSS를 만들어야 하지만, 부트스트랩을 이용하기 때문에, 이렇게 적은 코드를 사용하는 것입니다. 부트스트랩이 없다면, 엄청난 양의 CSS 코드를 입력해야 하기 때문에, 효율적인 작업을 할 수 있는 것입니다.

추천 상품 부분은 이전 6.4절의 예제와 구조가 동일하기 때문에 자세한 내용은 건너뛰고 [그림 6-14]와 같이 해당 상품에 마우스 오버시 돋보기 표시가 나타나게 처리하는 부분만 살펴보겠습니다. 상품 부분의 코드는 다음과 같이 구성되어 있습니다.

```
...
<div class="col-sm-3 col-xs-6">
  <div class="thumbnail">
    <a href="#">
      <img src="./imgs/sec_SM-T800NZWKKOO_007_front_white.jpg" alt="">
      ...
      </div>
  <div class="zoom"> 자세히 보기 </div>
    </a>
  </div>
</div>
...
```

　　[예제 6-14]를 보면 thumbnail 내부에 별도의 zoom이라는 클래스 선택자를 이용하여 "자세히 보기"라고 되어 있는 부분이 돋보기 아이콘을 표기하게 하는 역할을 합니다. 이제 zoom 클래스 선택자의 속성을 살펴보겠습니다.

[예제 6-15] zoom 클래스 선택자의 속성

```
.zoom {
  position:absolute;  / * position은 반드시 absolute를 적용해야 함 */
  left:50%; /* 아이콘이 중간에 위치하게 됨. */
  top:30%; /* 필요에 따라 조절 가능함. */
  width:60px; /* 아이콘의 크기에 맞는 width */
  height:60px; /* 아이콘 크기에 맞는 height */
  margin:-30px 0 0 -30px; /* 마진 값을 이용하여 정확히 아이콘 위치 지정 */
  background:url(./imgs/zoom.png) no-repeat center center; /* 아이콘 설정 */
  z-index:5; /* z-index를 적용하여 다른 요소 보다 상단에 위치하게 처리 */
  display:block;
  text-indent:-9999px; /* 텍스트를 감추는 역할 */
  opacity: 0; /* 투명도를 0으로 설정하기 때문에 초기 상태에서는 보이지 않음 */
  filter:progid:DXImageTransform.Microsoft.Alpha(opacity=0); /* opacity
속성이 적용되지 않는 IE 브라우저를 위한 filter 적용 */
}
.thumbnail:hover .zoom {
  opacity: 1; /* 마우스 오버시 투명도를 1 즉 불투명으로 만드는 역할을 함 */
  filter:progid:DXImageTransform.Microsoft.Alpha(opacity=100);
}
```

마지막으로 하단에 있는 5단 그리드 시스템을 살펴보겠습니다. 일반적으로 부트스트랩에서 사용되는 그리드 시스템을 균등하게 배분하게 되면, 1단 2단, 3단, 4단, 6단, 12단으로 나눌 수 있습니다. 이유는 그리드 시스템은 전체 12단으로 구성되어 있어 1×12, 2×6, 3×4처럼 나눌 수밖에 없기 때문입니다. 그렇다면 5단 또는 7단으로 균등하게 배분하기 위해서는 어떻게 해야 할까요? 해결 방법은 별도의 그리드 시스템을 만드는 것입니다.

먼저 5단 그리드 시스템의 HTML 구조를 확인해 보겠습니다.

[예제 6-16] 5단 그리드 시스템을 위한 HTML 태그 구성

```
<div class="row five-cols">
<div class="col-md-1 col-xs-6">
...
</div>
<div class="col-md-1 col-xs-6">
...
</div>
...
</div>
```

[예제 6-16]에서 보면 row 클래스 선택자 부분에 five-cols라는 별도의 선택자를 추가했으며, 각 그리드 시스템에는 col-md-1이라는 선택자를 적용했습니다. col-xs-6 선택자는 아주 작은 해상도에서 부트스트랩에서 사용되는 6단 그리드가 적용되게 처리한 것입니다.

이제 5단 그리드를 적용하기 위한 CSS 속성을 확인해 보겠습니다.

[예제 6-17] 5단 그리드 시스템을 위한 CSS 속성

```
@media (min-width: 768px){ /* 최소 해상도가 768픽셀인 경우 즉 768픽셀 이상인 경우 */
  .five-cols .col-md-1,
  .five-cols .col-sm-1,
  .five-cols .col-lg-1  {
    width: 20%; /* 전체 넓이의 100%를 5로 나눈 값 즉 20%를 적용해 줌 */
    *width: 20%; /* IE7 이하 브라우저에서 적용되게 하는 일종의 HACK 속성
  }
}
```

[예제 6-17]과 같이 CSS 속성을 이용하여 별도의 5단 그리드를 생성하여 적용해 주면 됩니다. 여기서 그럼 7단 그리드 시스템은 어떻게 구현해야 할까요? 다음과 같이 처리하면 됩니다.

```
...
@media (min-width: 768px){
  .seven-cols .col-md-1,
  .seven-cols .col-sm-1,
  .seven-cols .col-lg-1 {
  width: 14.285714285714285714285714285714%;
  *width: 14.285714285714285714285714285714%;
}
}
...
<div class="row seven-cols">
<div class="col-md-1">Col 1</div>
...
```

여기서 width 부분의 값은 100%를 7로 나눈 결과 값입니다.

여기까지 부트스트랩을 이용한 다양한 예제들을 살펴봤습니다. 부트스트랩을 이용하게 되면 아주 편리하고 빠르게 작업할 수 있습니다. 특히 최근 들어 아주 다양한 사이트들이 부트스트랩을 기반으로 개발되고 있습니다. http://expo.getbootstrap.com/ 여기서 부트스트랩을 이용하여 제작된 사이트들을 확인할 수 있습니다. 특히 책에 사용된 예제들은 현재 많은 사이트에 사용되고 있는 레이아웃을 부트스트랩으로 변환한 것이기 때문에, 실무에서 바로 적용할 수 있을 것입니다. 특히 2부 5장에서 사용된 예제는 실제 10만원 정도의 값어치를 지닌 상용 템플릿과 거의 동일한 구조를 지녔기 때문에, 이 예제를 기반으로 다양한 사이트를 제작할 수 있을 것입니다.

마지막으로 이 책으로 인해 국내에서도 많은 개발자들이 부트스트랩을 이용하여 다양한 사이트를 개발할 수 있게 되길 기원합니다.

감사합니다.

찾아보기